Significative!

De Frustrée
à FranneTastique

"Franne McNeal est une force de la nature. Ce livre est alimenté par son immense et généreuse énergie et il est plein d'indications utiles, courageuses, qui peuvent vraiment vous aider à vous transformer vous-même et votre entreprise. Franne comprend que l'importance vient de l'intérieur."

—**Margie Strosser,** *MFA*
Réalisatrice et expert-conseil en scénario primée

"Je recommande vivement ce livre aux femmes qui ont besoin d'encouragement et qui pourraient se sentir "coincées" dans leur vie. J'aime qu'il soit pertinent pour les femmes de tous âges et qui se trouvent à différents endroits dans le large spectre de situations personnelles et professionnelles".

—**Lynn Zuckerman Gray,** *Fondateur et PDG,*
Campus Sout, LLC

"Que vous soyez une entrepreneuse ou quelqu'un qui passe par un changement de carrière, vous tirerez encouragement et inspiration de ce livre. Franne a utilisé ses histoires personnelles pour nous rappeler que nous sommes, en effet, signifiatives! Nous avons le pouvoir de triompher après des revers importants."

—**Daisy Wright,** *Fondatrice et Stratégiste de Direction de Carrière.*
The Wright Career Solution

"Franne nous rappelle que les portes vers le bonheur et l'épanouissement dans nos vies sont souvent débloquées par des petites actions fondées sur des relations justes d'un avec l'autre. Lisez et relisez ce livre pour trouver ce qu'il y a d'important dans les histoires de votre vie."

—**Susan L. Prosapio,** *Ancienne Directeure Exécutive.*
Greater River Arts Association

"La meilleure partie de ce livre c'est que Franne prouve que les messages qui inspirent peuvent être simples et directes."

—**Eve Thompson,** *Représentante Nationale,*
Democratic Republic of Congo,
National Democratic Institute for International Affairs

Significative!

De Frustrée
à FranneTastique

*Histoires inspirantes
pour la femme entrepreneuse.*

Pour Franne McNeal, MBA
Significant Business Results Coach

Ce matériel est protégé par droits d'auteurs, © 2013, par Franne McNeal, MBA, Entraineur de Résultats d'Aff ires Signifi atifs. Aucune partie, dans sa totalité ou en partie, ne peut être reproduite, par quelque procédé que ce soit, ni aucun autre droit exclusif exercé, sans l'autorisation de l'éditeur, Signifi ant Business Results, LLC.

La conception de la couverture et les illustrations sont protégées par le droit d'auteur, © 2013, par Everaldo Gallimore, Directeur Créatif, Gallimore Design. Aucune partie, dans sa totalité ou partiellement, ne peut être reproduite par quelque procédé que ce soit ou par tout autre droit exclusif exercé, sans l'autorisation de Gallimore Design.

Quatrième impression, Juin 2015

Publiée par:
Significant Business Results, LLC
P. O. Box 807
Bryn Mawr, PA 19010
www.SignificantBusinessResults.com

Publisher@SignificantBusinessResults.com
215-552-8719

Clause de responsabilité et/ou mentions légales: Bien que tous les efforts aient été faits pour vérifier les renseignements fournis dans ce livre, ni l'auteur ni l'éditeur n'assument de responsabilité pour les erreurs, omissions ou inexactitudes. Tout affront à des individus ou des organisations sont accidentelles. Si vous avez besoin de conseils concernant des aff ires juridiques ou assimilées, vous devez rechercher les services d'un professionnel qualifi . Ce livre n'est pas conçu comme une source de conseils juridiques ou comptables. Vous devez être conscient de toutes les lois qui régissent les transactions commerciales ou autres pratiques d'aff ires dans votre état ou province.

Imprimé aux Etats-Unis d'Amérique
ISBN-13: 978-1-942075-70-7

DÉDICACE

Je dédie ce livre à mon grand-père
George Edward McNeal, Sr.
*dont la créativité et la persévérance dans ses petites entreprises
ont inspiré ma vie et ce livre.*

Table des Matières

Avant-propos iii

Préface vii

Remerciements xi

Allons-y! 3
L'offre d'un vélo 5
Carpe Diem! 11
Membre du Club? 15
Le Punch Hawaiien 21
Enracinement 25

Embrassez L'occasion 31
L'effet Tape-Cul 33
Photocopieur 37
Prendre des notes 41
Les failles du système 45

Trouver de l'aide 51
Cercle d'Amis 53
Apportez toujours des fleurs 57
Ouvrez la voie 61

TABLE DES MATIÈRES

(continue)

Acceptez l'amour 67
Choisir de partager. 69
Marchez Avec Moi 73
Gardent Groove 77

Soyez Significatives!. 83
Pensez: PRA 85
Élever (Mon) bébé 91
Pouvez-vous m'entendre maintenant? 97
La Femme Invisible 101
Du thé, quelqu'un? 109

Un dernier Petit Mot 113

À propos de l'Auteur 117

Communauté Significative! 119

Avant-propos

Décisions, décisions, décisions! Toutes les femmes y sont confrontées, mais nous ne sommes pas toujours sûres de savoir comment choisir judicieusement ou de gérer les défis de la vie. Dans le cadre des négociations des promotions, des startups, des échecs, des changements de carrière, des fi ances, des partenariats et de l'amitié, nous pouvons nous retrouver paralysés par la peur, l'indécision et le doute. Mais les femmes d'aujourd'hui veulent s'activer, participer, et créer du changement! Et comme nous exigeons de plus en plus de nos vies personnelles et de nos carrières, nous avons besoin d'une mentor de bon sens pour nous montrer comment faire des choix qui non seulement nos apportent le succès, mais aussi nos harmonisent avec qui nous sommes vraiment - et qui nous voulons être. Franne McNeal est cette mentor.

J'ai été ami et collègue de Franne depuis nombreuses années, et je la ai vue surmonter le genre de défis de la vie qui irait à l'encontre d'une personne moindre. Sa vision indéniablement positif a été encourageant pour moi, et va sûrement encourager les lecteurs de ce livre unique. Que vous soyez une entrepreneure ou non, vous reconnaîtrez un peu de vous-même dans les histoires de Franne, et vous bénéficie ez de son message de vie consciente et de résilience.

Dans Signifi ative! Franne offre le témoignage intime de la détermination, des défis relevés et des triomphes d'une femme d'aff ires noire en Amérique, un point de vue qui n'a pas été représenté dans la presse jusqu'à présent. Signifi ative montre comment faire des stratégies, cultiver et se connecter avec le même genre de sagesse spirituelle et d'engagement créatif trouvés dans le livre de développement personnel classique «The Artist's Way» de Julia Cameron.

Franne nous enseigne à dépasser la douleur et la constriction créative, comment reconnaître et soigner la peur, et la façon d'enlever du tissu cicatriciel émotionnel et atteindre l'assurance. Elle est un maître de la narration évocatrice, et son expérience dans l'amorçage et l'interaction vigoureuse avec d'autres personnes offrent des leçons opportunes à toutes les femmes, qu'elles soient étudiantes, des administrateurs de la Fortune 500, ou des femmes au foyer. Franne souligne l'importance de vous définir sur vos propres termes, de reconnaître des opportunités idéales, et de consacrer à tout cœur des efforts à vous-même, à votre entreprise, à votre famille et à la communauté. Avec un humour tranquille, des exemples illustratives, et des questions au style de cahier d'exercices à la fin de chaque chapitre, Franne encourage son lecteur à exploiter ses propres histoires personnelles, à découvrir son plus authentique soi, et à tracer sa voie personnelle vers le succès.

Il y a des années, je manquais d'un parcours professionnel. Je me suis réinventée plusieurs fois, en travaillant dans l'édition, commercialisation, en organismes à but non lucratif et dans les industries de l'éducation, et souvent je désirais une femme mentor sympathique qui pourrait guider mes rêves de carrière ambitieux. Heureusement, en 2006, ce mentor est apparu dans ma vie sous la forme de Franne McNeal. Avec bonne humeur et patience, elle m'a prise ainsi que plusieurs de mes amies sous son aile protectrice, et nous a enseigné les secrets de la construction d'une entreprise de la semence jusqu'à sa mise sur le marché. Nous avons partagé beaucoup d'histoires, des rires, et même des larmes, et de réels succès à partir des graines que Franne a semés dans nos cœurs et nos esprits. Je suis si heureuse que le mentorat de Franne soit enfin disponible à un cercle plus large de femmes!

Comme quelqu'un déjà familier avec les techniques de coaching de Franne, j'ai trouvé que ce livre m'a contestée a aller encore plus loin, pour explorer avec plus de profondeur la signifi ation des événements de ma vie et, en faisant, d'apprendre à me servir de moi-même comme une mentor efficace. Elle fera le même pour vous.

Franne est spéciale: elle est une facilitatrice expert, entraîneuse championne des petites entreprises, et une pionnière. Mais elle est aussi une femme terre-à-terre qui a consacré sa vie à aider les autres femmes. Tout le monde peut s'identifier aux histoires de Franne, et les perles de sagesse qu'elle dispense dans ce puissant petit livre sont celles d'une professionnelle chevronnée qui est capable de parler au lecteur comme une véritable amie. Franne nous conseille de ne pas seulement penser en dehors de la boîte, mais de brûler la boîte! En fin de compte, elle nous demande de trouver le succès dans les aff ires et la vie, en vivant de manière authentique. Signifi ative! est un livre à partager avec vos amies, pour être relu de nombreuses fois.

Chaudement,
Monica O. Montgomery
Stratège Millénaire, Administratrice de Musées, Connecteur créative

Préface

Tout le monde doit finir en quelque part. C'est la vie! Les choses se font ou ils ne se font pas, et en réaction nous tournons à gauche ou nous virons à droite. Nos choix se combinent avec et découlent d'événements qui sont hors de notre contrôle pour créer la somme totale de nos vies. Et dans un monde en constante évolution, il peut sembler que les choses que nous décidons de faire pourraient ne jamais être vraiment signifiatives au vue de tout ce qui arrive tout bonnement. Nos histoires de vie commencent à donner l'impression d'être des collections d'événements aléatoires, des notes griffonnées sur un calendrier. Nous grandissons, nous allons à l'école, nous choisissons une carrière, nous aimons quiconque que nous aimons, et nous apprenons autant que nous le pouvons en chemin.

Ça, c'est une façon de voir les choses. Une autre façon est de considérer que tout ce qui nous arrive est utile et intégrante pour notre vies et les choix que nous faisons. Nous pouvons considérer nos histoires personnelles, à la fois les événements de notre vie que nous choisissons et ceux qui ne l'ont pas été, comme riches et dynamiques; un beau jardin plein de couleurs et de caractère dérivé d'une multiplicité de sources. Nos actions font partie d'une grande mosaïque à laquelle nous pouvons consciemment ajouter un morceau chaque jour.

Après avoir travaillé des décennies pour moi-même et pour des autres dans le monde des affaires, j'ai appris que presque tout est négociable. Je me suis trouvé dans des situations où je me sentais coincé, sans inspiration, incompris. Je dis «je m'ai trouvé» intentionnellement, parce que c'est à partir de ces moments où les choses se produisent tout bonnement que nous pouvons les exploiter pour extraire certaines de nos plus grandes leçons, et c'est dans ces moments de frustration, lorsque nous sommes au plus proches de la liberté et du fait de reconnaître que nous seuls avons le pouvoir de créer consciemment nos vies. C'est dans ces moments difficiles que nous choisissons qui nous deviendrons.

Ce livre est destiné à vous montrer comment négocier ce processus, n'importe ni d'où vous êtes partis, ni où vous voulez aller. Comme un coach d'aff ires, j'ai aidé les nouveaux entrepreneurs à créer des opérations prospères qui permettent de résoudre un problème spécifi ue, et j'ai aidé des propriétaires d'entreprises établis à faire des millions de dollars en les poussant à faire ce qu'elles font le mieux avec la plus grande efficacité possible. Puis, en 2013, j'ai été l'animatrice principal d'un groupe "Lean In" basé à New York, le plus grand du monde à cette époque, et là j'ai rapidement vu la puissance des histoires pour révéler l'être réel de chaque personne et sa force moteur.

Je suis quelqu'une de si réservée pour ce qui est de sa vie privée que je me désigne comme "Le tatou"! Vous savez, cet animal avec la coque de protection rigide qui s'enroule en boule quand il est menacé? Donc, pour moi, le fait d'avoir recueilli ces histoires personnelles pour les partager avec vous a transformé ma vie. Pour moi, l'écriture de ce livre a parfois été un processus pénible, mais c'est toujours intéressant de me rappeler, d'explorer et de rechercher le sens des détails de ma propre histoire de vie, y compris les 30 ans où j'ai été une femme d'aff ires à succès.

Dans ce livre, je vous mets au défi de faire ce que j'ai fait, et je vais vous aider dans le processus. Vous apprendrez à assembler votre propre histoire de vie pour produire l'énergie dont vous avez besoin pour commencer, et vous apprendrez comment convertir cette énergie en occasions signifi atives.

Vous découvrirez comment obtenir le soutien dont vous aurez inévitablement besoin en chemin, et vous pourrez également découvrir des façons de commencer à apprécier votre vie davantage, en ce moment même L'objectif? Vous aider à être aussi signifiative que vous pouvez l'être.

Ce livre est organisé en cinq sections qui reflèent cinq thèmes principaux. Je vous présente chaque section avec une fable ou conte, suivis d'une brève discussion à propos de la façon dont la leçon de cette fable concerne les histoires très personnelles que je vous raconterai. J'espère que vous serez amusés par les histoires, mais surtout j'espère que vous serez inspirés par eux pour voir que le succès de vos propres projets dépend de la clarté avec laquelle vous comprenez votre véritable soi et votre capacité à faire constamment des modifiations intelligentes et des ajouts dans le déroulement de l'histoire de votre vie. J'espère que mes histoires vous montreront que l'important n'est ni la puissance ni la valeur nette élevée, bien que les gens importants atteignent souvent ces choses. Plutôt, l'importance c'est de reconnaître votre propre valeur intrinsèque, le communiquer aux autres, et l'utiliser pour attirer un soutien afin que vous puissiez créer la vie et la carrière que vous voulez.

Signifiative! est un manuel qui a besoin de votre participation active. Les questions qui suivent chaque chapitre sont destinées à vous aider à prendre du recul par rapport à mon histoire afin de vous donner un aperçu plus profond de la votre. Lorsque vous creusez dans vos propres histoires, vous êtes à la fois protagoniste et narratrice, vous êtes à la fois l'étoile du spectacle et le public. Je peux vous assurer que ce genre d'engagement fluide peut être diffi le! Et bien que si elle peut sembler étrange au premier abord, comme la plupart des choses nouvelles, vous verrez par la suite que si vous répondez à mes questions sincèrement, vous en apprendrez beaucoup sur vous-même et sur vos objectifs. Plus important encore, vous apprendrez à connaître vos propres croyances dont vous n'êtes peut-être pas tout à fait conscient tant que vous n'êtes pas allé un peu creusé dans le jardin fertile de votre vie. Il peut être amusant de faire l'objet d'une interview! Laissez-vous tenter, passez du temps et profitez de l'apprentissage à propos de vous-même, et vous obtiendrez un foisonnement de nouvelles idées ainsi qu'une croissance personnelle.

Cette méthode est efficace si vous le faites seul, mais je vous encourage vraiment à trouver unne bonne amie ou un groupe de personnes de soutien qui peuvent agir comme caisse de résonance et pousser vos réponses et vos réactions. Ne vous sentez pas obligé de vous restreindre aux questions que je vous demande non plus. N'hésitez pas à aller là où l'"interview" vous mène; posez des questions de suivi qui vous feront aller encore plus loin. Les discussions qui ressortent du sein d'un groupe qui vous interroge peuvent être étonnamment édifiantes et ont souvent des effets positifs durables.

Voulez-vous plus de commentaires? Inscrivez-vous et devenez membre de la communauté en ligne de www.SignificantYou.com afin que vous puissiez bénéficier des avantages suivants:

- ▶ Connectez-vous avec les personnes semblables
- ▶ Trouvez et accédez à des ressources utiles
- ▶ Téléchargez des outils supplémentaires
- ▶ Participez à des événements virtuels
- ▶ Organisez et participez à des événements locaux et régionaux
- ▶ Partagez vos histoires significatifs
  Rencontrez l'auteur de Significative!

Maintenant, mettez-vous au travail et commencez à réclamer votre importance! Mercide me joindre pour ce merveilleux voyage.

Significativement votre dans le succès,
Franne McNeal, MBA Coach de Résultats d'Affaires Significatifs
Franne@SignificantYou.com
www.SignificantYou.com

Remerciements

Tout d'abord, merci à mes parents Dr. George Edward McNeal, Jr. et Dr. Lynnette Hammond McNeal, et à mes sœurs Nancy, Jacqueline, et à Marilyn pour avoir encouragée et soutenue mon esprit d'entreprise.

Je dois beaucoup à ma communauté de mentors, clients, étudiants, coachs, professeurs et d'amis qui m'ont encouragé à partager mon assurance et ma compétence en tant qu'entrepreneur et Entraineur de Résultats d'Aff ires Signifi atifs En particulier, grâce à mon équipe de critique du livre: Angelica Aguirre, Debra Y. Boler, Mika Bulmash, Christina Cruz, Suzanne Curran, Tanya Dotson, Keith Ellison, Reinette English, Sandra G. Ford, Dana-René Gaines, Lynn Z. Gray, Ilene Hass, Cheresse Harris, Deloris Henderson, Jacqueline Hill, Carla F. Holland, Sandy Holtzman, Theresa Hummel-Krallinger, Cathy Imburgia, Leia Jackson, Jennifer Jones, Norma Long, Obioma Martin, Edwina McNeal, Jimmy Mac McNeal, Phyllis McNeal, Tanya T. Morris, Mme Evelyn Mosby, Wanda F. Muhammad, Wender Ozuna, Parisnicole Payton, Susan L. Prosapio, Tracey Ragsdale-Mabrey, Charles Reaves, Ron Story, Margie Strosser, John L. Thompson, LaSonya Thompson, Yvonne Tucker, Chanelle Washington, Helena Boller Watts, Agnieszka Wilk, Avril M. Williams, Debbie Scott Williams, Jo-Ann Williams, Barrington Wright, et Daisy Wright.

Merci au photographe Alan Bogusky, photographe Galo Delgado, à la coiffeuse Aletha Green Mullen, et au directeur artistique Everaldo Gallimore pour m'avoir donnée l'air Signifi ative!

Merci à l'équipe de consultation de mon livre qui ont apporté leurs réflexi ns à mon idée originale et aux grandes lignes du livre: Dr Margaret

Brito, Margie Smith Holt, Russell D. James, Marilyn M. McNeal, Monica O. Montgomery, et Natalie Nevares. Merci aussi à l'équipe de consultation de publicité, Angela J. Carter, Tené Croom et Diane I. Daniels, qui m'ont donné les premiers commentaires sur la quantité de travail que j'avais encore à faire!

Merci aux personnes dont la vie, le cœur et la sagesse ont, combinés avec les miens, formé certaines des histoires que je raconte dans ce livre, y compris Cindy Harrington, Benayah Johnson, Brandon Johnson, Kris Johnson, Stephanie Johnson, Rebecca Kruer, Bernie McGinley, Donald Patterson Jr., Susy Prosapio, Gabriel Ralph, Julia Gusftason Wagner, Chrissy Wiley, Susan O. Wood et Shushi Yoshinaga.

Et enfin, merci à mon éditrice Dorothy Potter Snyder.

Le Cerf à la source (Aesop)

Un cerf eut soif et se rendit à une source pour boire un peu d'eau. Quand il vit le reflet de son corps dans l'eau, il dénigra la finesse de ses jambes, mais se délecta dans la forme et la taille de ses cornes. Tout d'un coup, des chasseurs sont apparus et ont commencé à le poursuivre. En courant le long de la prairie, le cerf a distancié ses poursuivants et les a devancé pour arriver au marais près de la rivière. Sans penser à ce qu'il faisait, le cerf a plongé dans les feuillages, et ses cornes se sont empêtrés dans les branches en surplomb de sorte qu'il a été capturé par les chasseurs. Le cerf a gémit et il a dit: «Malheur à moi, misérable créature que je suis! La chose que je décrié aurait pu me sauver, alors que j'ai été détruit par la chose même dont je me vantais.»

Moralité: *Les choses les plus précieuses sont souvent ignorées.*

ALLONS-Y !

"Si vous ne pouvez pas voler, courez. Si vous ne pouvez pas courir, marchez. Si vous ne pouvez pas marcher, rampez. Mais par tous les moyens, continuez à avancer." —Martin Luther King, Jr.

Avant de commencer, je voudrais vous remercier de m'avoir rejoint pour ce voyage. Prenons un moment pour établir un peu le contexte. Juste après, vous lirez des histoires de ma vie à propos de moments précis, lorsque j'ai pris de face les défis et les possibilités à partir des années formatrices de l'enfance jusqu' aux sérieux obstacles que j'ai rencontrés à l'âge adulte. Dans chaque histoire, je vais partager avec vous ce que m'a apporté chaque situation particulière. Je peux vous dire brièvement que l'accent est résolument mis sur la motivation.

Les histoires dans cette première partie concernent le fait de se lever, de sortir, et de se mettre en route! Cependant, je voudrais vous encourager dès maintenant à prendre possession de ces histoires, et de les utiliser comme un miroir dans votre propre vie. Quels sont les défis auxquels vous faites face et comment les gérez-vous? Quels talents possédez-vous et comment les utilisez-vous?

Une concentration rigoureuse et la remise en cause de soi sont les étapes initiales pour la création de l'énergie et de l'élan dont vous avez besoin pour ce que vous voulez réaliser. Le cerf dans le conte d'Ésope n'a pas compris ce qu'était sa caractéristique la plus forte, et le résultat fut fatal! Dans cette première partie du livre, notre objectif est d'éviter la même erreur.

Lorsque vous utilisez ce livre, n'hésitez pas à faire une pause au milieu d'une histoire ; si vous en avez besoin, marquez la page et revenez plus tard. C'est important de prendre le temps de considérer ce qu'est réellement votre histoire, qui vous êtes vraiment, et quelles sont les possibilités qui s'offrent à vous en ce moment. Comment est-ce que vos histoires correspondent au mien ? Et comment sont-ils différents ?

Mes histoires seront toujours disponibles ici dans ce livre pour vous y référer. Mais vos propres possibilités et idées sont éphémères, alors saisissez-les pendant que vous le pouvez ! La patience est un élément clé du voyage que nous prenons ensemble, alors prenez le temps de réfl chir et de répondre aux questions que je vous pose à la fin de chaque section. En écrivant votre propre histoire, vous allez vous renvoyer une image qui va peu à peu devenir plus claire et plus nette, vous aidant à arriver à de nouvelles révélations et à voir à quel point vous êtes vraiment significative.

1

L'offre d'un vélo

« Le plus grand cadeau de l'humanité, mais aussi sa plus grande malédiction, est notre libre arbitre. Nous pouvons faire des choix basés sur l'amour ou sur la peur. » —Elisabeth Kubler-Ross

Comme la plupart des adolescents dans leur dernière année de lycée, je vivais des rites de passage, et parmi ces rites de jeunesse il y avait le fait d'apprendre à conduire et d'obtenir ma première voiture. Mes parents se sont assurés que mes sœurs et moi recevions une éducation de première classe, et pour moi cela signifiait une excellente école privée pour filles sur les banlieues célèbres de Philadelphie. Alors croyez-moi, les voitures neuves que certains de mes camarades de classe ont commencé à conduire à l'école n'étaient pas des véhicules délabrés! De toutes nouvelles BMW et Mercedes ont commencé à apparaître dans le parking de l'école, et éparpillées parmi ces marques de luxe, il y avait des Volvo et des Volkswagen, marques plus sobres mais quand même impressionnantes. Eh bien, je grandissais aussi, et j'ai donc décidé que j'avais besoin d'une image plus adulte! Alors j'ai abordé le sujet avec mes parents concernant l'achat d'une voiture.

Ma mère haussa les sourcils à ma demande, et sa réponse fut rapide et pragmatique: «Que dirais-tu d'un vélo? "J'ai protesté. Une bicyclette n'était pas du tout ce que j'avais à l'esprit! Je voulais avoir tous les signes extérieurs d'une jeune femme des banlieues riches! «Toutes mes camarades de classe ont des voitures", exagérai-je abusivement, avec la conviction indignée que je me sentais comme une adolescente." Pourquoi est-ce que je ne peux pas avoir une voiture, moi aussi?" Ma mère souligna le fait évident que nous vivions très près de l'école, si proche, en fait, que je pouvais y aller à pied si je voulais. Mais la deuxième chose qu'elle a dit ce jour-là est restée avec moi pour toujours: "Les emballages peuvent être des pièges," dit-elle avec une économie de paroles qui lui est propre. «L'école est ce que tu fais quand tu es là-bas, Frances, pas comment tu t'y rends."

J'ai pris le vélo.

L'offre que m'a faite ma mère d'une vélo reflè e la valeur profonde qu'elle accorde à ce qui est fonctionnel, ce qui marche- dans ce cas, les études et le fait d'obtenir de bonnes notes - est plus important que les apparences. C'est l'un de ces thèmes "métronomiques" auquel je suis revenue à maintes reprises tout au long de ma vie, pour juger entre ce que je pensais vouloir, opposé à ce qui était le choix le plus fonctionnel et pratique pour le moment et le lieu.

Je peux penser à de nombreuses occasions où j'ai eu un choix important à faire, où l'offre d'un vélo de ma mère m'est venu à l'esprit avant que je prenne ma décision. Par exemple, est-ce que je vais obliger mes parents à payer un supplément pour avoir une chambre individuelle au dortoir de l'université , ou devrais-je me contenter d'une chambre pour deux? Ce n'est pas là où tu dors qui compte, Frances, c'est là où tu es quand tu te réveilles! Lorsque j'allais avoir mon premier emploi en entreprise, allais-je vivre à la maison avec les parents ou acheter mon propre appartement? Voir ci-dessus. Lorsque je devenais une entrepreneuse, allais-je acheter une voiture ou prendre les transports en commun pour aller voir mes clients? Ce n'est pas le véhicule qui te permet d'y arriver, Frances, c'est le travail que tu fais lorsque tu y arrives! Allais-je prendre un stagiaire pour m'aider dans mon entreprise, ou allais-je engager un pigiste? Ce n'est pas qui fait le travail, Frances, c'est comment! Donner plus de valeur au but plutôt qu'à l'apparence, c'est ainsi que ma mère m'a appris à évaluer mes choix et prendre des décisions éclairées.

Dans les histoires personnelles que je vais vous raconter dans ce livre, je vais parler beaucoup des choix. Parce que, si un large éventail de choix est un luxe que certains d'entre nous aiment plus de que d'autres, le choix est quelque chose que tout le monde sans exception possède à chaque instant. Il y a toujours des choix à faire, et parfois vos petits choix peuvent être ceux qui modifie t le plus la donne! Même le choix de ne pas faire de choix engendre comme résultats des conséquences réelles qui peuvent influer sur votre vie, en général d'une manière qui agit contre vous!

La vie n'est rien si elle n'est pas une série de choix, mais apprendre à faire des choix judicieux n'est pas une tâche simple. Ma mère était sage en refusant de m'accorder la nouvelle voiture que certaines de mes semblables acquéraient, même si elle et mon père pouvaient certainement se donner les moyens de céder à ma demande. Au lieu de cela, elle m'a appris à poser les bonnes questions au moment de choisir entre une chose et une autre: Est-ce nécessaire? Est-ce fonctionnel?

Est-ce que ça correspond aux gens avec qui je suis? Est-ce approprié à l'endroit où je suis? Et peut-être le plus important, est-ce que ça correspond à qui je suis?

Je garde toujours en moi le souvenir du tout nouveau vélo Schwinn que mes parents m'avaient acheté au lycée, comme un symbole des questions que je me pose à chaque fois qu'une décision importante se profile à l'horizon. Ces questions sont comme une règle que j'utilise pour prendre la mesure de tout système, achat ou investissement de mon temps.

Bien sûr, nous prenons tous parfois de mauvaises décisions, et je vous promets que vous allez entendre parler de certains des mauvais choix que j'ai faits, un peu plus loin dans ce livre! Mais lorsque vous reconnaissez que vous avez effectivement des choix, et que vous développez une éthique de prise de décision en fonction de vos valeurs de base authentiques, vous deviendrez plus intelligentes quant à la façon de faire des choix. Un jour, vous serez en mesure de retracer l'histoire et le développement de vos propre sagesse à travers une mesure minutieuse de vos réalisations, ce qui apparaitra dans l'histoire de votre vie comme les marques, faites dans l'encadrement d'une porte, inscrites par un parent marquant la croissance d'un enfant bien-aimé.

Devenir un bonne décideuse, ce n'est pas avoir raison tout le temps, mais plutôt savoir où vous allez et pourquoi vous y allez? Faire les bons choix, c'est éviter de s'empêtrer dans les pièges et les accoutrements de la vie, et se concentrer sur ce qu'est vraiment votre objectif principal.

*****

«Je dois juger, je dois choisir, je dois rejeter, uniquement pour moi-même. Pour moi, seul.» —Hermann Hesse

Questions pour la discussion

Passez à l'action. Notez vos réponses. Partagez avec une amie.

1. Quand avez-vous voulu quelque chose que quelqu'un d'autre avait, juste parce que cela vous semblait être un rite de passage important? Quelle était la signifi ation de l'objet pour vous?

2. Quelles sont vos valeurs fondamentales concernant la fonctionnalité, la praticité et le but? Qu'est-ce que ou qui a influencé vos attitudes et vos croyances au sujet de ces valeurs fondamentales?

3. Comment savez-vous s'il y a un choix à faire? Quelles sont les valeurs de base dont vous dépendez pour guider vos choix? Comment évaluez-vous les résultats de vos choix ou décisions fondés sur votre valeur fondamentale authentique?

4. Quand est-ce qu'un petit choix ou une petite décision a changé la donne pour vous?

5. Quand est-ce que le fait de ne faire aucun choix ou de ne pas prendre de décision concernant une chose a eu un grand impact ou été un tournant pour vous?

6. Comment réagissez-vous lorsque vous avez fait un mauvais choix? Comment restez-vous concentré sur votre objectif principal?

2

Carpe Diem!

"À chaque expérience, vous seul peignez votre propre toile, idée après idée, choix après choix." —Oprah Winfrey

Lorsque j'ai été admise à Princeton à 16 ans, les femmes formaient une partie relativement nouvelle de la population étudiante. C'était génial d'avoir l'impression de participer à l'histoire, et comme beaucoup d'étudiants de premier cycle j'avais pour ambition de conquérir le monde. J'avais l'impression que toute place que je prenais était la place de toutes les possibilités.

Mais dans cette atmosphère de tradition, de privilège et de rigueur intellectuelle, j'ai appris quelques petites choses très vite. Tout d'abord, j'ai appris que le simple fait d'être intelligente ne voulait pas dire que je m'allais être écoutée, et j'ai vécu ce que c'était d'être catégorisée. Soudain, les gens me considéraient comme une "étudiante noire", une "femme étudiante", ou une "jeune étudiante" plutôt que comme je me percevais à moi-même, c'est à dire, un membre intelligent et plein d'énergie au sein d'un groupe de collègues dynamiques. Comme le cerf dans la fable d'Esope, j'examinais mon reflet et essayait de discerner mes meilleures caractéristiques. Mais les autres personnes autour de moi, en me regardant, voyaient quelque chose de complètement différent et d'infininent moins subtil!

Certains de mes amis à Princeton ont vécu des expériences similaires de mise à l'écart, et ils ont trouvé du réconfort en pratiquant du sport, en

Significative!

explorant les complexités de la vie sociale de l'université, ou en devenant des rats de bibliothèque. Mais se contenter de verrouiller la porte de ma chambre pour me plonger dans un livre de cours ne me donnait pas l'impression de conquérir le monde! Je voulais participer. Alors je me suis portée candidate pour le gouvernement étudiant, j'ai participé au Centre de la Femme, je me suis inscrite pour des stages et j'ai pris un emploi à temps partiel. Puis, quelque chose de vraiment intéressant s'est produit.

Mon travail à temps partiel était un poste de chercheur dans le bureau d'un courtier en valeurs mobilières, juste à côté du campus. Une chose que j'ai remarqué tout de suite, c'était que les gens dans ce bureau se faisaient de l'argent en créant des liens: la mise en réseau représentait plus de la moitié de leur travail. Puis un jour, j'ai entendu un des associés parler de comment c'était douloureux d'organiser des parties en réseau, et combien sa femme détestait cela.

L'ampoule de bande dessinée s'allumait. J'avais organisé des soirées au lycée, et parce que j'avais tellement participé à la vie sur le campus, je connaissais beaucoup d'étudiants qui voulaient un moyen de gagner de l'argent autrement qu'en travaillant à la cafétéria. Je pensais que je pouvais organiser les fêtes, donc j'ai saisis ce moment et je l'ai justement proposé au partenaire que j'avais entendu se plaindre. Il a accepté, et il était l'un de ces "moment-clic" où tout tombaient juste en place.

En y repensant, je me rends compte que les défis et les obstacles que j'ai rencontrés étaient en fait des cadeaux. J'ai tiré des tonnes d'énergie de l'excitation d'être à la croisée de l'histoire et du potentiel - rappelez-vous, les femmes n'avaient été acceptées à Princeton que depuis une dizaine d'années seulement! Être à l'avant-garde de l'histoire n'a fait qu'aiguiser ma scie. Et la prise de conscience de qui j'étais dans le contexte de l'histoire m'a donné la confiance en moi nécessaire pour former de vraies relations avec les gens qui n'étaient pas comme moi. Sa m'a donné la volonté de m'affirmer, de prendre des risques, et de prendre la parole. Dans le cas des soirées de l'agent de change, le fait de prendre la parole m'a offert une réelle opportunité pour mobiliser l'énergie collective de mes pairs et de moi-même.

J'étais en 3ème année de l'université et je gérais ma première petite entreprise avec des fi hes de paie et des employés, et tout à coup ces distinctions de sexe, d'âge et de race avaient moins d'importance pour tout ceux autour de moi, parce que j'offrais des emplois à mes pairs et un service à mon employeur. Et je prenais tellement de plaisir!

J'irai poursuivre encore beaucoup plus d'entreprises dans ma vie, et toutes elles n'aient été réussies par le même processus de base que j'ai découvert au collège. Notez ce que vous avez obtenu et qui vous êtes vraiment, identifiez les opportunités, et n'ayez pas peur de tout faire pour établir un lien.

* * * * *

"Votre attitude, et non votre aptitude, déterminera votre altitude." —Zig Ziglar

Questions pour la discussion

Passez à l'action. Notez vos réponses. Partagez avec une amie.

1. Quand ne vous êtes-vous pas sentie "regardée" par les autres? Qu'avez-vous fait pour y remédier?

2. Citez trois compétences que vous possédez qui vous semblent utiles.

3. Quand avez-vous, pour la dernière fois, pris un risque basé sur les compétences que vous avez citées? Est-ce que cela en valait le coup?

4. De quelle opportunité rêvez-vous? N'hésitez pas à être aussi fantasques ou créatives que vous le voulez. Fournissez des détails.

5. Quels sont les obstacles entre vous et cette opportunité?

6. Pouvez-vous penser à des ressources "cachées" autour de vous - des amis, des biens, ou des connaissances?

7. Imaginez que vos compétences, une occasion et des ressources sont combinés pour inspirer une entreprise. Qu'est-ce que c'est cette entreprise? Décrivez le en détail.

3

Membre du Club?

"Personne ne peut vous faire sentir inférieur sans le votre consentement." —Eleanor Roosevelt

Je n'ai jamais été une mauviette. J'ai eu la chance de grandir avec des parents qui m'ont inculqué, ainsi qu'à mes sœurs, l'estime de soi et l'assurance, et mon style de jeu naturel est donc plus offensif que défensif. Cela dit, même une personne têtue comme moi a dû apprendre que, parfois, la meilleure façon de diriger est de se tenir à l'écart.

Au cours de ma première année à Princeton, j'ai été la première femme noire à être élue Présidente du Cloister Inn, l'un des clubs les plus prestigieux de l'Université de Princeton. Le "Cloister Inn" est une structure néo-gothique merveilleuse fondée en 1912. Il compte plusieurs personnalités bien connues parmi ses membres, et il est même apparu dans quelques films et livres célèbres! Le « Cloister Inn » et les autres clubs privés sur "The Street" font partie intégrante de la tradition de Princeton.

Quand je suis entrée à Princeton, les femmes n'avaient été acceptées au premier cycle que depuis seulement neuf ans, et les femmes comme moi étaient encore précurseuses dans les couloirs de l'influence et de la puissance. Il y avait des opinions partagées concernant la coéducation parmi les anciens étudiants masculins dont l'expérience à Princeton a été celle d'une institution non-mixte.

C'était donc dans cette atmosphère que j'ai été élue Présidente de Cloister Inn par mes pairs. Ce fut un grand honneur et une grande responsabilité que j'étais ravie d'endosser. Cela m'a donné la chance de fl chir mes muscles de leadership dans une arène qui comprenait non seulement les autres étudiants, mais également des anciens prestigieux. J'ai pris en charge l'organisation des événements du club, endossant personnellement la responsabilité de leur succès, et m'épanouissant sous la pression. Mais quelque chose s'est passé qui m'a appris qu'il ne suffit pas d'être le leader; les autres doivent aussi vous voir comme tel.

Chaque mois de Mai à la Réunion du Week-end, Princeton se remplit de près de vingt-mille anciens élèves et leurs familles. Pour les anciens, c'est une façon de renouer avec ses camarades de classe, et de constater comment la vie du campus a changé. Pour l'école, les événements de la Réunion Week-end offrent une atmosphère festive pour reconnecter des anciens étudiants et encourager leur soutien fi ancier pour ses programmes, afin que les futurs étudiants puissent également vivre l'expérience d'une éducation de classe mondiale. Il y a des discussions, des projets de services communautaires, des pique-niques, des fêtes, de la danse et, bien sûr, la marche dans la Seule et Unique "P-rade"! Pendant les réunions de classes, les spectateurs ont leurs bannières levées en l'air; et les marcheurs les plus âgés, la "Vieille Garde", attirent toujours les plus forts applaudissements des spectateurs pendant qu'ils déambulent en passant, avec leurs chapeaux et blazers, aux sons vifs de la fanfare.

Parce que la réunion du Week-end est une si grande fête, toutes les organisations sociales et les clubs-restaurants organisent des événements, et une fois que j'étais Présidente du Cloister Inn, j'ai pris l'initiative d'organiser une soirée qui a impliqué des hors-d'œuvre et, bien sûr, de la bière. Beaucoup de bière. L'atmosphère était festive, avec les étudiants sortants interagissant avec les anciens étudiants, conversant et comparant leurs notes. Et est-ce que j'ai mentionné qu'il y avait beaucoup de bière? Les gens buvaient, et certaines personnes ont bu plus que d'autres.

Certaines d'elles étaient assez ivres.

J'ai pris conscience d'un ancien élève qui avait justement commencé à faire un peu de scène. Il est important de noter qu'il était blanc, mâle et un petit peu mon aîné.

Je savais qu'en tant que j'étais la Présidente il était mon devoir de faire preuve de diplomatie et de faire face à la situation, donc je lui ai dit fermement mais poliment.

"Excusez-moi, Monsieur, avez-vous besoin d'aide?" Il m'a ignoré, et ne cessait de parler avec son copain, et peut-être qu'il, en même a élevé un peu plus sa voix. "Voulez-vous vous asseoir?" J'ai dit, dans l'espoir de l'aider à décider qu'il serait peut-être temps pour lui de se détendre, ou rentrer à la maison. "Qui êtes-vous?" A t-il rétorqué, en criant encore plus fort. "Je suis la Présidente de ce club," répondis-je, parvenant dans le même temps à le piétiner et à renverser sa bière sur lui. "Comment osez-vous me parler de cette façon!", grognait il. J'étais un peu confuse, me demandant ce qui était offensant sur le fait de me présenter en tant que Présidente du club! L'ancien murmura quelque chose à son ami, et je ne peux pas vous dire en vérité ce que c'était, mais son langage gestuel était très méprisant. Ne reconnaissant pas que j'étais "méprisée", je lui réponds, ma voix un peu plus haute, "Excusez-moi, Monsieur, avez-vous besoin d'aide?"

C'en était trop. L'ancien explosa de rage. "Pour qui vous prenez-vous pour me dire ce que je devrais faire? J'ai été membre de ce club plus longtemps que vous avez été en vie! Qui êtes-vous pour me dire ce qu'il faut faire?". Comme il haussait le ton et que sa bière clapotait hors du verre, il commença à s'approcher un peu plus de moi en quête de confort. On dirait que j'avais marché sur une grenade. Je respirais, reculais, et basculais mon corps.

Je me suis vite rendue compte qu'en tant que jeune femme noire, Présidente ou pas, je n'allais pas aller loin avec cet homme. Alors j'ai fait venir Trevor, le petit ami d'une de mes amies. Trevor était blanc, avec une taille de 1,80m, et vêtu avec un pantalon chino et une chemise en tissu Oxford; en d'autres mots, le bcbg parfait. Trevor avançait pour concilier l'ancien étudiant ivre - et je m'éloignai. En quelques secondes, l'incident était clos.

J'ai d'abord été surprise par le manque de respect de l'homme avec lequel il s'adressait à moi, mais seulement pour un instant. J'ai tout de suite réalisé que dans le jeu de la perception, cet ancien élève ne me considérait vraiment pas comme une Présidente d'un club-restaurant de Princeton et, donc, il avait remis ça en question. Une partie du leadership consiste à percevoir ce que les autres attendent de voir en leur leader et, dans une certaine mesure, de faire des petits ajustements pour les aider à voir le genre de personne qu'ils se sentent plus capables de suivre. Dans ce cas, je compris aussitôt que cet homme était simplement connecté à l'image de l'étudiant blanc en classe préparatoire. J'avais raison. J'avais fait un bon ajustement.

La deuxième chose que j'ai appris, c'est que la plupart des leçons en matière de leadership sont apprises sur le terrain, dans le moment, quand une situation se déroule devant vous. En tant que leadeuse, vous développez une sorte de radar autour des autres et, de la même manière que le pilote ajuste les volets sur les ailes pour réduire la résistance du vent sur son avion, vous apprendrez à ajuster vos propres "ailes " en fonction de la "météo " de la situation dans laquelle vous êtes. Vous devrez peut-être vous incliner à gauche ou à droite; parfois, vous devez avoir une approche directe.

Savoir comment réagir face à des défis liés à votre autorité est une compétence qui nécessite beaucoup d'exercice, et votre succès en étudiant cette compétence déterminera, dans une large mesure, le genre de résultats que vous obtiendrez en tant que leadeuse.

Je suis fiè e de cette histoire parce que j'étais très jeune quand c'est arrivé, et que j'ai pris de l'action correcte instinctivement. De plus, j'ai eu les résultats que je voulais, c'est à dire, un weekend de retrouvailles qui a été un succès.

Rappelez-vous du cerf d'Ésope qui a fini par être abattu car il admirait ses cornes plutôt que ces jambes rapides qui auraient pu le sauver? Eh bien, j'étais fière aussi de mon "apogée"! J'étais fière d'avoir été due par mes camarades pour être présidente du club, et d'avoir été une femme « pionnier » dans une grande école traditionnellement masculine. Oui, en regardant mon reflet, j'étais juste fière de qui je suis devenue! J'aurais donc pu "charger tête baissée" contre la rudesse de cette ancien étudiant ivre. Au lieu de ça, mon instinct de survie s'actionna, et je me suis "inclinée vers la gauche", et j'ai rapidement obtenu un résultat positif pour tous ceux qui étaient présents à la fête.

Parfois, être un bon leadeur, c'est s'écarter du chemin.

* * * * *

"Pas tout ce qu'on surmonte peut être changé. Mais rien ne peut être changé. Jusqu'à ce qu'il soit surmonté." —James Baldwin

Questions pour la discussion

Passez à l'action. Notez vos réponses. Partagez avec une amie.

1. À quelle occasion avez-vous été la première ou la pionnière d'une organisation ou d'une activité? Dans quelle mesure avez-vous été témoin d'un débat quant à savoir si "quelqu'un comme vous" devrait être en mesure de participer à tel groupe ou telle activité?

2. Quand avez-vous eu l'occasion de prendre un rôle de leadership formel, d'être élue ou non? Décrivez brièvement la situation. Comment cela s'est-il passé?

3. Avez-vous déjà été nommée comme chef, bien qu'ayant ensuite l'impression de ne pas être perçue comme telle? Qu'est-il arrivé?

4. Qu'avez-vous fait pour vous adapter à la perception que vous n'étiez pas la chef? Comment cet ajustement a-t-il fonctionné avec les autres? Comment cet ajustement a-t-il fonctionné pour vous?

5. Avez-vous déjà appris une leçon de leadership alors que vous étiez «dans le moment»? Décrivez ce moment. Quelle leçon avez-vous apprise?

6. Quand avez-vous eu à "quitter la route" en tant que chef, afi de créer un résultat positif pour tout le monde?

4

Le Punch Hawaiien

*"Ne sachant pas quand l'aube viendra,
j'ouvre toutes les portes." —Emily Dickinson*

J'ai beaucoup appris du Punch Hawaiien. Il m'a semblé étrange de pouvoir tirer des leçons de la consommation d'une boisson sucrée aux fruits, mais ce fut le cas.

Dans ma famille, j'étais l'aînée de quatre sœurs. Comme beaucoup de familles qui ont des enfants qu'ils faut rendre heureux et nourris, nôtre achetaient des articles en vrac et parmi ces articles il y avait un conteneur de Punch Hawaiien d'un litre et demi. Ma mère me laissait le soin de diviser la boisson, et à chaque fois nous avons eu un containeur, je le divisais en portions égales de 0,35 litres pour mes trois sœurs et moi-même.

Et il n'était pas question de négocier les conditions du partage du Punch non plus. Peut-être qu'une de mes sœurs voulaient échanger un peu plus de punch pour quelque autre chose, ou peut-être l'une d'elles d'eux a exigeait de s'en aller en première place parce qu'elle a était servie toujours en dernière. Et ceux n'étaient pas de simples querelles, c'étaient des débats aussi intenses et argumentés que ceux d'un conseil d'administration. Heureusement que nous n'étions pas cinq! Je ne savais pas à l'époque, mais en devenant l'agent distributeur de Punch Hawaiien, j'ai appris à gérer les ressources, et à naviguer dans le spectre du oui et du non.

J'ai eu un intérêt précoce pour les ordinateurs, et pendant que j'étais à l'Université de Pittsburgh afin d'obtenir mon MBA, j'ai également donné des cours gratuits sur la technologie informatique. J'aimais bien aider les gens à apprendre, et je me demandais si faciliter l'accès à une nouvelle technologie ne pourrait pas devenir pour moi une manière de générer des revenus personnels. J'ai fait quelques recherches et j'ai trouvé un stage dans une entreprise de formation en informatique.

Au cours de l'entrevue, celle qui était responsable de l'embauche m'a dit qu'elle était réticente à m'offrir le poste parce qu'elle pensait que je serais une future concurrente. Tous ces instincts hérités du Punch Hawaiien entrèrent en action presque immédiatement! Je m'imaginais déjà luttant pour l'espace vital avec mes trois sœurs, et au lieu de laisser le "non" du responsable des RH freiner mon enthousiasme, je l'ai utilisé pour renforcer ma détermination. J'ai pris son rejet comme une suggestion.

Je savais que cette société était en lice pour un contrat de formation informatique destiné aux employés de la Ville de Pittsburgh, et j'ai décidé d'entrer en lice pour ce contrat ici et tout de suite, exactement comme le responsable de l'embauche l'avait suggéré!

J'ai répondu à la demande de proposition de la Ville, et j'ai eu une longue série de réunions avec des fonctionnaires de la ville qui se sont à peu près passés comme ça -

Représentants de la Ville: pouvez-vous faire ça?

Moi: oui.

Représentants de la Ville: voulez-vous faire ça?

Moi: oui.

Représentants de la Ville: êtes-vous sûr?

Moi: absolument.

J'ai gagné le contrat. C'était un projet d'envergure et un coup d'essai, mais à bien des égards, il était semblable au partage des tasses de 0,35 litres de Punch Hawaiien. Je devais répartir soigneusement des ressources de temps, de matériel et d'argent limitées pour que le projet puisse se faire.

Je n'avais pas d'endroit pour cela, pas de voiture ou d'ordinateurs, et je n'avais que cinq cents dollars à la banque. J'étais capable de remporter et de garder un contrat municipal de 150 000 dollars à 26 ans parce que je savais comment me servir de ce que j'avais: une connaissance spécialisée du sujet et les compétences pour la transmettre à d'autres. J'ai dû emprunter de l'argent pour protéger les ordinateurs et un lieu de formation, et j'ai structuré ma trésorerie pour que les personnes que j'employais soient payées en même temps que moi, et pas avant. Au lieu d'acheter tous les nouveaux manuels, j'en ai fait des copies et je les reliés moi-même. La ville payait lentement, c'est pourquoi au lieu d'employer un personnel pléthorique à plein temps, j'ai utilisé des contractuels intermittents et les ressources de ma propre énergie juvénile pour faire bouillir la marmite. Dans les premières années, je savais qu'un seul commentaire négatif d'un client pouvait mettre toute l'entreprise en péril, alors j'ai investi du temps en dehors de mes horaires d'enseignement pour construire des relations.

Qu'ai-je appris? Que la solution pour gérer ce travail sans se laisser déborder c'était de diviser les grosses tâches en tâches plus petites, des tâches de 0.35 litre. Mais l'événement encore plus fondamental cependant que, connaissant bien la femme en face de moi dans le miroir, je savais que j'avais les compétences pour faire exactement ce que ce travail exigeait, et que j'avais utilisé ces compétences durant toute ma vie - depuis l'époque du Punch Hawaiien.

* * * * *

"La chance est ce qui survient quand
la préparation rencontre l'opportunité." —Seneca

Questions pour la discussion

Passez à l'action. Notez vos réponses. Partagez avec une amie.

1. Pensez à la tâche la plus ardue que vous ayez jamais essayé d'accomplir. Qu'est-ce qui l'a rendue aussi difficle?

2. L'avez-vous accomplie? Si oui, comment? Si non, pourquoi?

3. Pensez à un projet sur lequel vous travaillez en ce moment. Comment pouvez-vous le diviser en tâches plus petites pour le rendre plus facile à gérer?

4. Pouvez-vous rappeler un moment où vous avez cru en vous même et où vous êtes battus pour vous? Rappelez-vous brièvement l'événement et rappelez-vous comment vous vous sentiez.

5. Qu'est-ce qui vous parait impossible à faire mais que vous aimeriez faire? Encore une fois, soyez folle! Soyez aussi créatives que vous le souhaitez! Puis, écrivez les quatre premières étapes sur la façon de s'y prendre.

5

Enracinement

"Le courage ne rugit pas toujours. Parfois, le courage est la petite voix à la fin de la journée qui dit que je vais essayer de nouveau demain." —Mary Anne Radmacher

J'étais couchée à l'hôpital, en train de regarder le plafond. J'avais subi un accident vasculaire cérébral paralysant et les médecins ont dit que cela pourrait prendre des mois avant que j'aie assez de force musculaire pour commencer une rééducation. Pendant ce temps, ils ont suggéré que j'imagine simplement de déplacer un orteil, ou encore que je pense à bouger le petit doigt. "Il suffit de commencer petit," ils ont dit, "gigotez et attendez." J'ai pensé au jardinage, et comment c'était bon de tenir de la terre dans mes doigts pour faire pousser quelque chose, et je voulais sentir ça à nouveau. Quand j'étais couché dans le lit, me sentant un peu comme une graine endormie, un événement particulier de ma vie me revint à l'esprit.

Des années plus tôt, j'étais responsable d'un grand établissement financier qui a des bureaux à Philadelphie et dans New Jersey. On m'a confié la mission de licencier l'un de nos employés, une tâche déplaisante qu'aucun manager ne prend plaisir à accomplir. J'ai compris que l'employé devait être licencié, mais je n'étais pas satisfaite de la façon dont cela se faisait. Mes supérieurs avaient l'intention de la faire venir dans le cadre d'une réunion de l'équipe, mais elle devait réellement venir avant la réunion de l'équipe,

Significative!

pour que je puisse lui dire qu'elle n'avait plus d'emploi et l'éloigner avant l'arrivée du reste de l'équipe. J'étais sûr qu'il y avait une façon meilleure, plus humaine pour gérer la situation, notamment, depuis que cet employé devait venir de l'extérieur de l'État.

Quand j'ai parlé à mon patron de ce sujet, on m'a dit que je n'avais aucune option, et que si je peux entêter dans cette voie de plus, mon propre emploi pourrait être mis sur la sellette. Et à ce moment là, je me suis sentie aussi mentalement immobilisée que je me sentirais physiquement immobilisée, des années plus tard, couchée dans ce lit d'hôpital, essayant d'apprendre comment déplacer mon corps. Même si j'ai choisi de ne pas me battre avec mon patron à l'époque, j'ai tiré pour moi même les conséquences de la leçon inhérente à l'expérience, une leçon qui allait éventuellement fleu ir dans mon prochain projet: j'étais face à face avec l'essentielle, non négociable partie de ma personnalité qui préconise la communication honnête et l'approche directe au lieu d'éluder ou de prendre des attitudes autoritaires.

Mais il a fallu un certain temps pour ce que la graine de cette connaissance de soi prenne racine en moi et devienne quelque chose que je pouvais articuler et transformer en un produit à partager avec le monde. En ce moment, je ne pouvais pas concevoir l'expression «entraineur de résultats d'Affaires significatif», par laquelle je me désigne aujourd'hui. Je savais seulement qu'une communication claire, respectueuse en aff ire était possible, et que je ne voudrais pas seulement la faire, mais qu'en même temps je voulais enseigner aux autres à faire pareil.

Je savais que je voulais aider les gens à prendre leurs idées, leurs rêves et compétences, et à les cristalliser dans le type de valeur que d'autres puissent reconnaître et être prêts à payer pour. Je voulais créer «des entrepreneures dangereuses» et des propriétaires d'entreprises qui avaient le potentiel de transformer le paysage des entreprises dans une seule qui était plus créative et plus sincère.

Mais pendant ce période après mon AVC, quand je me trouvais, impuissante, au lit de l'hôpital, l'énergie nécessaire pour atteindre ce mon rêve, me semblait si loin!

Après des jours et des jours au lit là-bas et après concentrer ma volonté en l'achèvement le moindre mouvement, j'ai finalement réussie a bouger un doigt. Et puis un autre. Finalement, doigt par doigt, orteil par orteil, j'ai récupéré toute la capacité de mouvement de mon corps - et bien avant sur l'horaire des médecins, à ce sujet!

Tout comme j'ai travaillé pour récupérer le mouvement après mon AVC et guérir mon corps, j'ai aussi eu une certaine guérison à faire en ma carrière. Équipée avec mon rêve, j'ai enfin pu laisser derrière le monde de l'entreprise, des menaces et des ultimatums et de créer ma propre entreprise de consultation posé sur la construction, sur des relations positives, sincères.

J'ai la conviction inébranlable que tout le monde peut être un leader et que n'importe qui peut devenir super, peu important qui sont eux et où commencent ils leurs voyages. Il suffit de commencer petite, flex ble, et attendre.

* * * * *

"Il y a trois éléments essentiels à la direction:
L'humilité, la clarté et le courage." —Fuchan Yuan

Questions pour la discussion

Passez à l'action. Notez vos réponses. Partager avec une amie.

1. Est-ce qu'il y a des moyens sur lesquels vous vous sentez retenues ou pas authentiques aux circonstances actuelles de votre vie? Si oui, énumérez-les ici.

2. Pouvez-vous énumérer ce que vous croyez qui pouvaient être des valeurs authentiques, des croyances que vous détenez en vous-mêmes?

3. Est-ce que vous sentez que ces croyances vous aident ou que ça vous retient?

4. Pouvez-vous citer trois objectifs personnels et / ou professionnels que vous avez maintenant?

5. Pouvez-vous énumérer cinq qualités que vous admirez sur vous-mêmes? Pouvez-vous imaginer comment ces qualités pourraient vous aider à atteindre vos objectifs?

6. Quand vous sentez-vous le plus excité? À quel moment de la journée? Pendant quelle activité?

7. Que pensez-vous sont vos meilleurs atouts? Plus grands talents? Que pensez-vous que sont vos pires caractéristiques? Pouvez-vous imaginer une utilisation positive pour une de vos caractéristiques «pires»?

La colombe et la fourmi (Aesop)

Une fourmi, en route vers une rivière pour boire, a tombée, et a été entraînée dans le flux. Une colombe avait pitié de son état, et jeta à la rivière un petit rameau, sur lequel la fourmi c'est arrivée en terre ferme. La fourmi d'après, voyant un homme avec un fusil de chasse visant la colombe, lui à fortement piqué dans le pied, et lui à fait manquer son but, en sauvant la vie de la colombe.

Morale: Les petits amis peuvent s'avérer de bons amis,
et un bon tour mérite un autre.

Embrassez l'occasion

« Un pessimiste voit la difficulté dans chaque opportunité; un optimiste voit l'opportunité dans chaque difficulté. » —Sir Winston Churchill

Prenons un moment pour nous recueillir avant de continuer notre voyage. Jusqu'ici, nous avons vu comment il est possible de surmonter toutes sortes de paralysie; émotionnel, métaphorique, et même physique. Et nous avons aussi vu que lorsque vous êtes coincées, comme je l'étais lors d'une situation de travail tendue, ou que vous éprouvez un manque d'énergie, il est impératif que vous identifiez votre système de valeur personnel authentique et que vous viviez selon lui.

Nous avons également constaté que lorsque vous êtes au courant de toutes les énormes ressources à votre disposition, vous remarquez des opportunités beaucoup plus facilement. Une fois que vous avez fait le bilan de votre caractère et de vos ressources, et que vous avez découvert une opportunité, il est important de choisir vous-même, de négocier pour vous-même, et de croire en vous-même. Vous devez le faire même dans le visage de la défaite apparente, comme lorsque le directeur des achats de la ville de Pittsburgh m'a dit « non » juste avant ma décision de poursuivre le grand contrat de la ville moi même. En effet, en communiquant ses raisons pour ne pas m'embauche, le directeur des achats est involontairement devenu mon allié!

Vous devez également être en mesure de prendre des chances et les transformer en résultats concrets, en valeur réelle. Mais ce n'est qu'une partie de l'équation. Les histoires que je vais maintenant vous raconter ce sont des exemples - bons et mauvais - de quelques fois dans ma vie où j'ai trouvé des alliés, tout assez comme la fourmi et la colombe d'Aesop, des alliés qui m'ont aidé à regarder mon chemin vers des nouvelles opportunités.

6

L'effet Tape-Cul

"La question n'est pas qui va me permettre; c'est qui va m'arrêter." —Ayn Rand

Etant une petite fille, j'avais l'habitude de participer au concours des Éditeurs de Famille Américains. Je m'asseyais sur l'étage de ma maison à Norristown, PA, je suivait attentivement les instructions d'inscription, écrivait l'adresse sur l'enveloppe, avant de l'envoyer avec l'affranchissement exact requis. La pensée de Ed McMahon de se présenter chez moi avec un chèque géant était alléchante, mais il y avait aussi quelque chose d'autre qui bougeait en moi. Mes parents, tous deux des apprenants sur le long-terme, m'avaient encouragé à explorer et à être curieuse, ce qui a créé en moi un sentiment de liberté et une capacité à rêver, que je voulais partager avec les autres. Mon agenda secret? Je me lançais dans les concours pour pouvoir ouvrir une école au nom de mes parents!

Étais-je folle en participant à ces concours, encore et encore? Eh bien, je ne le crois pas! Concernant ce que vous faites dans la vie, je crois en l' effet du tape-cul. En d'autres termes, ce que vous donnez c'est directement liée à ce que vous obtenez.

Quand j'étais à la moitié de mes vingt ans, je travaillais dans les ventes et je couvrait un vaste territoire à Pittsburgh. Je crois qu'il y avait une raison très pratique pour que ce territoire m'a était donné; l'entreprise savait qu'il y avait une population noire assez grande et que, pour ça, je ne me sentirais pas isolée, mais cependant il y avait un petit coin dans lequel je ne me sentait pas plus accablée.

J'ai commencé à rencontrer les membres de la communauté, et Don Patterson, Jr. était une de ces personnes. Don avait grandi dans une famille d'entrepreneurs et avait vu de première main comme il est puissant de mettre en route votre propre entreprise. Il a développé un programme après l'école focalisé sur l'enseignement des compétences entrepreneuriales aux jeunes. J'étais une jeune femme noire en train de créer sa propre vie entrepreneuriale, donc Don m'a invité à parler à ses enfants.

Le discours s'est bien passé, et après, Don a créé le circuit des conférenciers qui amplifier it l'impact des discours comme celui que je venais de donner. Comme le premier orateur, Don a invité l'entrepreneur américain Earl Graves, Sr., entrepreneur, philanthrope, éditeur du magazine Black Enterprise et PDG de sa propre entreprise de médias! C'était parier, mais cela a fonctionné, et quand M. Graves a accepté l'invitation, un parrainage de Pepsi a couvert les frais pour qu'il puisse être l'orateur. Don m'a invité à partager la scène pour cet événement, donc j'ai eu assez chanceuse de partager la scène avec Earl Graves, Sr. - et j'ai des photos pour le prouver!

Cela a certainement été un moment de fie té dans ma vie. J'ai rencontré un des plus grands chefs d'entreprise du monde, mais j'ai aussi trouvé un sentiment de récompense pour aider à créer une expérience inspirante pour d'autres personnes, surtout pour les jeunes. Cela fait écho à l'enthousiasme que j'avais ressenti en grandissant dans une maison avec des parents qui m'ont encouragé à apprendre et à rêver, et c'est un sentiment que j'ai cherché à recréer encore et encore tout au long de ma carrière, en tant que donneur et récepteur d'inspiration.

En me souvenant de ces expériences, on m'a rappelé la devise de mon alma mater, Princeton: "Au service de la Nation". Je ne savais pas que c'était l'esprit que je développais, quand je me suis lancé dans ces concours encore enfant, dans le but de construire une école au nom de mes parents, mais c'était bien le cas. J'avais une idée plus claire de ce que je sentais lorsque j'ai aidé à faire venir M. Graves pour qu'il parle aux jeunes entrepreneurs de Pittsburgh. Aujourd'hui, le commandement de servir fait explicitement partie de mon travail en tant que entraîneuse d'aff ires. Chaque fois que j'entraîne des entrepreneurs, je vois une opportunité de les aider à découvrir leur propre sens de la possibilité et de l'enthousiasme. Lorsque ce processus est un succès, c'est un cadeau merveilleux et dynamique. En leur donnant les outils pour découvrir leur liberté en leurs propres termes, je trouve que mon propre esprit de liberté est renouvelé.

Un tape-cul est amusant, mais il faut deux personnes pour que ça fonctionne. Aidez une autre personne à trouver son chemin, et vous trouverez sûrement votre propre chemin dans le processus.

*****

"Aucun homme n'a jamais perdu son travail en étant trop à l'écoute." —*Calvin Coolidge*

Questions pour la discussion

Passez à l'action. Notez vos réponses. Partagez avec une amie.

1. Quel don ou talent particulier pensez-vous posséder qui vaille la peine d'être partagé?

2. Quelle était la dernière fois que vous avez partagez ce don ou talent particulier? Qu'est-il arrivé?

3. Quand était la dernière fois où quelqu'un vous a donné quelque chose? Qu'est-ce que c'était et comment vous-êtes vous sentie?

4. Quelle est votre idée du "service?"

5. Regardez autour de vous et identifier un service que vous pourriez offrir à quelqu'un d'autre qui pourrait également vous aider à atteindre vos objectifs?

7

Photocopieur

"Si vous avez des connaissances, laissez les autres en bénéficier." —*Margaret Fuller*

Il y a eu une période dans ma vie où le magasin de photocopie Kinko était ma deuxième maison. C'était à l'époque où j'enseignais l'informatique pour la ville de Pittsburgh en tant qu'entrepreneuse indépendant. Après une journée de travail, je me reposais un peu, et puis je me rendais au magasin de photocopie afin de préparer mes cours pour la semaine à venir. J'avais l'habitude d'arriver entre une heure et trois heures du matin, et j'étais là si souvent qu'un certain nombre des employés et moi même avions l'habitude de nous appeler par nos prénoms. J'étais une habituée, et je n'étais pas seule non plus. Il y avait d'autres personnes qui hantaient les lieux durant ces heures tardives, et nous autres "fantômes" avons appris à nous reconnaitre mutuellement. Il y avait un certain type de personnes qui avaient besoin d'utiliser Kinko régulièrement durant la période nocturne, et nous étions tous plus ou moins pareils.

Un matin, vers 6 heures, j'ai entendu quelqu'un qui essayait de convaincre un employé de Kinko pour l'aider à corriger un document de traitement de texte. L'employé n'étant pas enthousiaste pour le faire, a refusé d'aider. À l'époque, j'enseignais aux gens comment utiliser des logiciels pour gagner leur vie, et je connaissais le genre de personne qui travaillait tard dans la nuit ou tôt le matin: elle avait besoin qu'une chose soit faite et elle avait besoin que la chose soit faite maintenant! Je pourrais compatir à ça, j'ai donc décidé de donner un coup de main. C'était en fait un problème assez simple à régler et, après que nous ayons fin , la femme fut reconnaissante et impressionnée. Elle m'a demandé pourquoi j'étais si compétente et j'ai mentionnée que je m'occupais d'une entreprise de conseil en technologie. Eh bien, elle m'a gratifié de ce regard que les gens ont quand ils connaissent un moment de grâce, comme la colombe d'Esope qui a trouvé sa fourmi!

La femme travaillait à la banque PNC et ils avaient besoin de quelqu'un pour enseigner de nouveaux logiciel à leurs employés. Elle m'a passé la carte de visite de la personne responsable de cette tâche , un homme du nom de Bernie. Bien sûr, j'ai fait le suivi. J'ai récupéré un contrat avec la banque PNC et je l'ai géré avec la même éthique de travail qui m'a inspirée chez Kinko nuit après nuit. A la suite de mon intervention, Bernie m'a recommandée à d'autres gestionnaires de la banque PNC qui avaient besoin de formation sur des logiciels.

Un des clients internes était Julia et, au fil des ans, Julia fit appel à moi pour des prestations de consultant et de formation. Le contrat PNC m'a donné une grande expérience, je suis devenu un meilleur consultant, et j'ai approfondi ma connaissance de la gestion du temps et des relations. Un contrat spécial que Julia m'avait offert était celui de formateur en informatique exclusif pour les dirigeants. J'ai parcouru le pays en avion pour enseigner comment utiliser la nouvelle technologie aux personnes occupant des places élevés. C'était particulièrement excitant parce que ce travail m'a offert une mélange unique de liberté et de la stabilité. J'ai aussi senti que j'avais trouvé en Julia un mentor et partenaire. En plus, il y avait de l'argent: il s'agissait d'un contrat très lucratif.

Auparavant, j'ai mentionné la coïncidence, mais je pense vraiment que la nuit chez Kinko était plutôt un exemple de synchronicité. J'avais travaillé diligemment sur mon contrat avec la ville, et j'avais été persistante dans le fait d'arriver chez Kinko en temps, même si j'aurais préféré dormir. Je savais où je voulais aller, et je persistais avec une telle régularité que fi alement j'étais au bon endroit au bon moment, avec en moi - et ça c'est important - l'esprit de service qu'il était nécessaire.

Je pense que c'est important de noter que je ne cherchais pas quelque chose en retour quand j'ai aidé cette femme un soirée tard, tout comme la colombe d'Ésope ne s'attendait pas à ce qu'une simple fourmi soit en mesure de lui sauver sa vie. Mais j'ai eu quelque chose de toute façon! Quelques minutes de mon temps données gratuitement m'ont conduit à des opportunités incroyables, des relations merveilleuses - et beaucoup de revenus.

Vous ne pouvez vraiment pas savoir comment, quand et où votre moment se présentera, mais il le fera. Alors soyez prêtes.

* * * * *

«Efforcez-vous pour ne pas d'avoir du succès, mais plutôt d'avoir de la valeur.» —Albert Einstein

Questions pour la discussion

Passez à l'action. Notez vos réponses. Partagez avec une amie.

1. Pensez à un moment où vous avez travaillé très durement sur quelque chose qui était importante pour vous. Qu'est-ce qui vous poussiez?

2. Quel est votre objectif actuel? Enumérez ici trois choses pour l'accomplissement desquelles vous êtes prêt à faire des sacrifices

3. Quelle est la dernière fois que avez-vous aidé un étranger? Qu'avez-vous fait?

4. Avez-vous jamais obtenu une récompense pour ce geste généreux? Qu'était-ce?

5. Que pouvez-vous faire maintenant pour recréer cette dynamique?

8

Prendre des notes

"Nous ne sommes pas ce que nous savons, mais ce que nous sommes prêts à apprendre." —Mary Catherine Bateson

La première fois que j'ai pris statistiques au collège, je n'ai pas exactement mis le feu au poudres; mes résultats était bien mauvaises ce que j'attendais. C'était troublant, parce je ne parvenais pas à satisfaire à mes critères personnels, et parce que cela ne reflécait certainement pas les normes rigoureuses fi ées par mes parents - qui sont tous deux des étudiants passionnés et des gens très brillants. Pourtant, je me suis réinscrite pour le cours, déterminée à faire mieux. La deuxième fois, mon prof de statistiques était un jeune étudiant diplômé aux cheveux bouclés qui portait des baskets et des pantalons de velours, et qui enseignait avec un enthousiasme contagieux. Il aimait vraiment parler de la minutie des statistiques, et il faisait même des blagues statistiques! Bien sûr, certains de mes camarades de classe furent interloqués par ce genre de personne, mais l'approche joviale, et enthousiaste de ce professeur c'était exactement ce dont j'avais besoin.

En grandissant, j'ai remarqué que mes parents se sont fi és la règle de toujours apprendre quelque chose de nouveau. Ils ont délibérément cherché à s'enseigner mutuellement des matières pour élargir leur expérience de vie. Mon père, qui est médecin, a pris des cours d'art plastique, et plus tard il s'est intéressé aux ordinateurs. Il n'est pas rare de le voir au milieu d'une myriade d'ordinateurs démontés, opérant avec une précision scientifique, prenant des notes, révisant, et recommençant encore et encore après chaque échec. Ma mère, qui est également médecin, a étudié de multiples langues à partir de 50 ans jusqu'à aujourd'hui. Dans ma maison, l'apprentissage n'était pas une corvée, c'était un privilège, une chose à savourer et qu'on accomplissait avec entrain. J'ai grandi de cette façon, et j'aime toujours apprendre.

Alors quand j'ai reçu cette mauvaise note en statistiques, c'était bien plus qu'un mini drame de collège. Cela a posé un défi à mes convictions personnelles et à ma perception de ce qui est juste. Je n'avais jamais eu des problèmes scolaires avant, et d'en faire l'expérience soudaine m'apparut comme très fâcheux. Mais bien sûr, nos attitudes et nos croyances sont les filtres à travers lesquels nous expérimentons nos vies, et dans une large mesure, ils déterminent aussi la quantité de choses que nous apprenons ou pas. J'ai du me persuader que je pouvais apprendre les statistiques! Et c'est ce qui était si spécial à propos de ce professeur lors de ma deuxième tentative dans cette matière. Il croyait que c'était amusant, et il voulait que les étudiants eux aussi partagent cet enthousiasme. Son attitude était contagieuse, et ça a marché, je me suis suffisamment passionnée pour les statistiques au point de décrocher un A dans la matière.

Aujourd'hui, je me concentre sur la compréhension de choses fondamentales comme la règle d'or - traiter les autres comme j'aimerai être traitée. Et j'essaie de savoir pourquoi ces règles sont vraies. Je me concentre sur l'utilisation de mes cinq sens pour amasser l'information du monde qui m'entoure. J'essaye de me focaliser sur le bon sens qu'il y a dans la quiétude. J'essaie d'être calme et de réfléchir aux raisons pour lesquelles les événements se produisent dans ma vie. J'essaie toujours de découvrir de nouvelles idées et de nouvelles façons de voir. Et je prends des notes. Parce que si nous prêtons attention aux événements de notre vie, nous pouvons en retirer plus de choses valables que si nous devions simplement les traverser sans réflechir.

Je sais que j'aurais tout simplement pu accepter ma note initiale en statistiques, et que j'aurais pu mettre mon médiocre résultat dans ce cours initial sur le compte de l'enseignant. Mais j'ai choisi de rester honnête avec moi-même sur le fait de ne pas être à la hauteur de mes critères personnels, en restant persuadé que je pourrais m'améliorer - et je l'ai fait.

La vie est vraiment la plus grande salle de classe - si, et seulement si, nous nous présentons, nous prenons notre responsabilité personnelle et si nous montrons de l'enthousiasme.

Et prenons des notes.

* * * * *

« L'éducation coûte cher. Et c'est ainsi qu›il en va de l'ignorance. »
　　—*Sir Claus Moser*

Questions pour la discussion

Passez à l'action. Notez vos réponses. Partagez avec une amie.

1. Écrivez brièvement sur une occasion où vous avez senti que vos résultats étaient en-dessous de votre valeur. Qu'auriez-vous pu améliorer?

2. Écrivez sur une occasion où vous avez abandonné trop tôt. Pourquoi avez-vous arrêté? Qu'est-ce qui s'est passé plus tard?

3. Qui était le dernier professeur que vous avez eu et qui vous a inspiré? Était-ce dans ou en dehors de la salle de classe? Avez-vous remercié cette personne?

4. À quand remonte la dernière fois où vous avez appris quelque chose de vous même?

5. Écrivez sur une occasion ou vous avez transformé une défaite en victoire. Qu'est-ce qui s'est passé, et comment avez-vous transformé l'expérience?

6. Qu'est ce que vous êtes le plus motivée à apprendre maintenant? Comment allez-vous vous y prendre? Quand allez-vous commencer?

9

Les failles du système

*"Vous risquez d'être déçu si vous échouez,
mais vous êtes condamnés si vous n'essayez pas."* —Beverly Sills

Tellement de choses dans la vie sont soumises à l'interdépendance et aux alliances naturelles. Les plantes et les arbres nous fournissent l'oxygène, et nous leur rendons le dioxyde de carbone. Les plantes utilisent ensuite nos exhalaisons de dioxyde de carbone pour traiter plus d'oxygène, et ainsi de suite et ainsi de suite dans un cycle sans fin. La planète, et toute la vie qui existe sur elle, comprend de nombreux systèmes interdépendants qui se nourrissent et se soutiennent mutuellement, et chaque apport est transformé positivement en un autre apport. C'est comme si, toute la vie faisait partie d'un grand souffle cosmique.

Dans le cas de l'organisation humaine, nous avons pris de nombreuses idées à la nature, et nous avons développé nos propres écosystèmes délicats qui nous aident à accomplir des tâches énormes qui seraient autrement impossibles. Quand cela fonctionne, les choses marchent et de grandes choses se font! Mais parfois cela ne fonctionne pas, et les systèmes se brisent.

En fin 2009, j'avais décroché un contrat avec le gouvernement, lequel m'a permis d'être un fournisseur direct plutôt qu'un sous-traitant. J'ai donc donné à un autre entrepreneur la possibilité de développer son entreprise en devenant mon sous-traitant. Nous étions d'accord qu'il me payerait une commission de parrainage de 10% sur son revenu de ce contrat, pendant le période d'une année. Entre la paperasse, les conférences téléphoniques, et la logistique générale, j'avais déployé d'énormes efforts pour l'obtention de ce contrat, j'ai donc été heureux de partager et d'aider un autre entrepreneur, mais je voulais ma part du gâteau. Mais après, quand l'argent du contrat gouvernemental a commencé à tomber, je n'ai plus entendu parler de ce sous-traitant.

Une fois, j'ai pu lui mettre la main dessus, et il n'arrivait pas à se souvenir de notre accord sur les commissions de parrainage de 10%. Pendant des mois, je l'ai relancé pour essayer d'obtenir ce qu'il me devait, mais il n'était pas d'humeur à honorer notre accord. Finalement, je l'ai emmené au tribunal.

C'est un exemple d'un système d'interdépendance qui tombe en panne. Je comptais sur le sous-traitant pour respecter notre accord, et quand il ne l'a pas fait, il a créé toute une chaîne d'événements qui m'a obligé à réorganiser mes ressources, à passer du temps à négocier avec lui et à traiter avec des avocats, ce qui à son tour a affecté le reste de mon entreprise. Avec le recul, j'aurais pu faire une analyse plus approfondie et exiger plus de diligence avant de le mettre sur le coup. Lui poser plus de questions et formaliser notre contrat avec un avocat ou un parajuriste m'aurait épargnée beaucoup d'ennuis.

Tout comme votre respiration est essentielle à votre vie, il est aussi vital pour vos relations que vous vous assuriez que ce que vous donnez - comme énergie, comme ressources, comme temps - vous soit retourné d'une manière ou d'une autre. Sinon, vous vous épuisez. Chaque fois que vous construisez un système et travaillez avec d'autres personnes, faites votre mieux pour encourager la transparence et une communication claire concernant les expectatives et les résultats. Mais rappelez-vous, rien n'est parfait. Les failles dans la structure d'un système risquent de ne pas toujours être évidentes, et beaucoup peuvent être fi ées seulement au moment où vous les voyez, ce qui arrive généralement lorsque quelque chose s'est mal passé. Quand le moment arrive pour évaluer un système qui implique des gens, commence par le respect.

A la base, mon sous-traitant a manqué de respect envers lui même ou à la valeur de sa parole, et malheureusement, cela a provoqué un dommage irréparable à notre relation. Si vous remarquez que quelqu'un manque de respect envers lui même ou envers vous, soyez prudent. Tout ce qui arrivera à partir de ce point pourrait être également défectueux. Le respect est une fondation, et il n'est pas négociable: c'est le souffl que nous échangeons dans des relations saines.

* * * * *

"Un pessimiste c'est celui qui transforme ses opportunités en difficultés et un optimiste est celui qui transforme ses difficultés en opportunités." —Harry S. Truman

Questions pour la discussion

Passez à l'action. Notez vos réponses. Partagez avec un ami.

1. Listez une situation dans laquelle vous avez senti que vous n'étiez pas respectée Comment avez-vous réagi?

2. De quel "systèmes" faites-vous partie en ce moment? Comment fonctionnent-ils? Comment dysfonctionnent-ils? Prenez un moment pour analyser ce qui fonctionne et ce qui ne fonctionne pas.

3. Inscrivez un moment où vous avez donné de l'énergie à une situation et il s'est avéré que cela ne valait pas la peine pour vous. Qu'auriez-vous pu faire différemment?

4. Pouvez-vous penser à un système qui fonctionne vraiment bien pour vous? Inscrivez trois observations sur ce sujet.

5. Pouvez-vous penser à un moment où vous avez développé votre crédibilité et cela s'est révélé payant pour vous? Décrivez brièvement ce qui s'est passé.

Le paquet de bâtons (Aesop)

Un vieil homme sur le point de mourir appela ses fils autour de lui pour leur donner quelques conseils importants. Il ordonna à ses serviteurs d'apporter un paquet de bâtons, et dit à son fils aîné: "Casse le." Le fils peina longtemps, mais malgré tous ses efforts, il fut incapable de briser le paquet. Les autres fils tentèrent aussi, mais aucun d'entre eux ne réussit. "Défaites le faisceau", a déclaré le père, "et que chacun d'entre vous prenne un bâton." Quand ils le firent, il leur cria: "Maintenant, brisez-les," et chaque bâton fut facilement brisé. "Vous voyez ce que je voulait dire", dit leur père.

Moralité: *L'union fait la force.*

Trouver de l'aide

"La générosité ne se base pas sur le fait de donner beaucoup, mais sur le fait de donner au bon moment." —Jean de La Bruyère

Arrêtons-nous à nouveau. N'est-il pas merveilleux de voir comment ce que vous retirez de la vie est proportionnel à ce que vous y investissez? Et n'est-ce pas tout aussi merveilleux la façon dont les situations positives vont se présenter quand vous faites la bonne chose dans le droit chemin pendant assez de temps?

Aider à apporter la sagesse de Earl Graves, Sr. à un public plus large a été une expérience extraordinaire. Et la rencontre avec un étranger au milieu de la nuit dans un magasin de copie - un étranger qui a fini par m'aider à développer ma carrière - était une agréable surprise. La générosité est une récompense en soi, mais parfois la vie rajoute un bonus magnifique.

Même quand les choses ne marchent pas aussi bien que vous le voudriez, comme quand j'ai eu à poursuivre un associé d'aff ires devant la justice, il y a encore des pépites précieuses à emporter. Je vais vous dire un secret pas si secret: la plus grande part de réussite après un échec c'est d'essayer de nouveau. La deuxième grande partie c'est d'apprendre avec vos erreurs et d'ajuster votre attitude en conséquence.

Maintenant, je comprends que je dois mettre toute mon énergie dans les choses qui fonctionnent pour moi, peu importe leur petite taille, et à délaisser rapidement les choses qui ne sont pas ainsi. Parce que même quand les choses vont bien dans nos vies, nous avons encore besoin d'aide.

Significative !

Comme dans le conte d'Aseop du paquet de bâtons, nous constatons que dans l'union naît la force. Permettez-moi maintenant de vous parler des fois où j'ai recherché l'aide des autres - et trouvé une force inébranlable.

10

Cercle d'Amis

"La plus belle découverte que font les amis fidèles, c'est qu'ils peuvent se développer séparément sans casser leur amitié." —Elizabeth Foley

Nous n'avons pas un temps illimité dans nos vies, c'est la raison pour laquelle il est important de faire ce que nous voulons vraiment faire chaque jour, les choses qui nous font nous sentir bien et que nous aimons. Les accomplissements ne sont pas toujours sur un jeu de puissance ou des acrobaties de salle de réunion.

Un des moments les plus gratifiants de ma vie a été un rendez-vous mensuel pour du thé avec un groupe de femmes internationales. Nous nous appelions les dames du thé. Nous étions originaires du Japon, du Canada, de l'Australie et des États-Unis. J'avais rencontré la femme australienne, Rebecca, lors d'un rassemblement de l'église, et j'ai appris plus tard qu'elle était une volontaire à un jardin communautaire. Nous avons commencé à bavarder, et avec un lien instantané on s'est accordé sur le jardinage. Après que nous nous connaissions depuis un certain temps, elle a dit qu'elle avait un groupe d'amies que je devais absolument rencontrer.

Peu de temps après, j'avais rendez-vous mensuels avec mon nouveau cercle d'amies; Becca, Cindy, Gaby, et Shushi. Nous avons trouvé des maisons de thé qui servaient du thé formel, et même si nous ne portions pas des gants en mousseline blanche, c'était très classe! Je suis généralement plus introspective et solitaire, il était donc spéciale d'être invitée dans ce cercle de femmes, et d'avoir un groupe à qui je sentais que j'y appartenais. C'était une très bonne aventure, les sandwichs savoureux et la formalité de tout ça. Et je chérissais le soutien que nous apportions les unes vers les autres au décours de nos conversations. Et si comme nous parlions! Nous parlions de tout: petits amis, travail, voyages, les opportunités et les déceptions.

C'était une telle joie d'avoir des amies avec qui je pouvais me détendre. Nous ne parleraient pas sur des affires, et je n'ai pas eu la nécessité de préparer des notes. Parce que nous étions un groupe international, ma conscience de ce qu'il se passe dans le monde s'est développé, mais d'une façon très personnelle, à travers les yeux de chacune de ces femmes intéressantes.

Ce groupe de thé a été une expérience particulièrement stimulante et édifiante pour moi. Les membres du groupe partageaient un respect mutuel et un sentiment de compassion sans jugement. Nous étions une communauté. Et parfois, le sentiment d'appartenance et de communauté viennent des endroits les plus surprenants! Un grand groupe de compagnons de voyage est inestimable sur la route du succès, ils vous gardent créatif, débrouillard, et déterminé.

Quand je travaille avec des clients, je demande toujours s'ils travaillent sur leur entreprise ou si c'est leur entreprise qui les font travaillé. Ce n'est pas uniquement une question pour les entrepreneurs ou même la communauté des affires!

Chacun d'entre nous peut et doit repenser régulièrement son approche de la vie, et se demander si nous accordons vraiment le temps qu'il faut à ce qui nous semble le plus important. Nous ne pouvons pas forcément savoir tout de suite ce qu'est cette chose, et c'est pas grave.

Construisez des relations. Soyez vulnérables. Trouvez la force dans les relations. Vous trouverez éventuellement un réseau de bras amicaux qui vous soutiendront. La vie est tellement plus vaste que la recherche du pouvoir, et vivre pleinement peut parfois être aussi simple que de partager une tasse de thé avec une amie.

* * * * *

*"Le langage de l'amitié n'est pas fait de
mots mais de significations."* —Henry David Thoreau

Questions pour la discussion

Passez à l'action. Notez vos réponses. Partagez avec une amie.

1. Qu'est qu'une communauté pour vous?

2. À quelles communautés appartenez-vous? Énumérez et décrivez la valeur que chacune d'entre elle a pour vous.

3. Décrivez une situation où vous avez eu le sentiment de partager un ensemble de valeurs avec une autre personne. Qu'est-il arrivé?

4. Quels moments avez-vous puisé de la force en vous en associant à d'autres?

5. Comment vous sentez-vous soutenue par vos différentes communautés ou groupes d'amies actuellement?

6. Quel soutien les offrez-vous?

7. Comment vos communautés peuvent-elles vous aider maintenant à atteindre vos objectifs?

11

Apportez toujours des fleurs

"Un sourire est une courbe qui met tout sur la ligne droite." —*Phyllis Diller*

Lorsque la société devient de plus en plus hyper-connectée et s'y savant en moyen de communication, il peut être difficile pour les entreprises et les dirigeants de se tenir à jour. Et tandis que beaucoup s'occupent uniquement des résultats, de l'efficacité et un retour sur investissement, les âmes des organisations sont souvent négligées. Il y a un échec à considérer les gens eux-mêmes, de leurs besoins, de leurs valeurs et de leurs passions. Et ce manque de considération peut générer des environnements très déroutant.

A titre d'exemple, plus tôt dans ma carrière, j'avais atteint le niveau de vice-président dans une entreprise, et j'ai travaillé dur à ce poste, malheureusement cela ne m'a pas comblée. J'avais l'impression d'être considérée comme une simple responsable, l'un des nombreux agents de l'organisation, au lieu d'être pris pour un individu avec une histoire et un but unique. A la base, il me manquait ce sentiment d'appartenance et d'être respecté, et je suis allée le chercher.

Heureusement, les circonstances me furent favorables. J'avais entendu parler d'un nouveau style de leadership appelé investigation appréciative. C'est une technique qui essaye de redéfinir les motifs qui nous poussent à évincer les forces, les expériences et les potentiels inhérents aux membres d'une organisation. Cela met également l'accent sur le développement de la communauté, en réunissant de vastes groupes de personnes divers dans le but d'examiner et d'améliorer ce qui a fonctionné dans le passé. En bref, il s'agit d'une approche centrée sur la personne qui produit du changement constructif. À l'époque, il y avait seulement une douzaine de personnes qui pratiquaient cette approche dans tout le pays. Une de ces personnes était une femme qui s'appelait Susan, une ancienne directrice chez Arthur Anderson, et elle proposait des séances de formation à son domicile de Philadelphie.

Même aujourd'hui, je ne suis pas sûre de ce qui m'a poussée à le faire, mais j'ai décidé d'apporter un gros paquet de belles tulipes à la première séance de formation. C'est peut-être parce que les séances se passaient dans sa maison que l'ambiance était si particulière. Cette femme avait occupée des responsabilités au plus haut échelon dans un des plus grands cabinets de comptables aux États-Unis. Elle connaissait toutes les manigances du pouvoir, mais elle n'a pas perçu mes fleurs comme l'une d'entre elles. Elle était gracieuse et ouverte, elle a même montré les tulipes au reste du groupe.

Au cours des mois suivants, je me suis familiarisé avec la pratique intensive de l'investigation appréciative. Pour la première fois depuis longtemps, j'ai senti que je faisais partie d'une équipe, comme si j'étais reliée à un groupe de personnes par une vision et un objectif communs. Dans ce cas, l'objectif était de devenir un groupe de consultants et de dirigeants en développement organisationnel plus efficace. L'esprit du groupe était collaboratif et sincèrement curieux. Sans aucun doute, cette atmosphère s'est développée parce que Susan la favorisait.

Pendant ce temps, j'ai acquis des compétences que j'utilise encore aujourd'hui. Et j'ai aussi débuté des relations qui ont débouché sur des opportunités professionnelles incroyables. Je crois que c'était ainsi, parce que j'ai rejoint un groupe réceptif et inclusif. Je n'avais aucun moyen de savoir que ce serait le cas avant de me rendre chez Susan, mais j'ai décidé de faire ce petit geste qui consiste à ramener un cadeau, et cela a créé une atmosphère qui a perduré.

Nous pouvons tous faire cela, d'une manière ou d'une autre. Tout ce que nous possédons qui fleu it, ou qui illumine la pièce, nous pouvons l'offrir au groupe. Nous pouvons cultiver des relations s ignifi atives. Et a travers ces liens d'appréciation sincère, des choses nouvelles, merveilleuses, peuvent se développer. A chaque fois que vous vous rendez dans un nouvel endroit, apportez toujours des fleurs.

* * * * *

"Il n'y a pas d'acte de gentillesse qui se perde,
peu importe sa petite taille." —Aesop

Questions pour la discussion

Passez à l'action. Notez vos réponses. Partagez avec une amie.

1. Qu'est-ce que la reconnaissance pour vous? À quoi est-ce que cela ressemble et que ressentez-vous?

2. Quelle était la dernière occasion que vous avez montré que vous appréciez les talents de quelqu'un d'autre? Qu'avez-vous fait?

3. Lorsque fut un temps où vous étiez félicité pour un talent ou une action? Qu'avez-vous ressenti?

4. Quel don avez-vous que vous n'avez pas encore partagé avec quelqu'un? Que pensez-vous qui pourrait arriver si vous n'avez part ce don?

5. Qui sont les personnes de votre entourage avec qui vous vous sentez le mieux?

6. Que pouvez-vous faire maintenant pour que ces personnes se sentent appréciées?

12

Ouvrez la voie

*« La vie est ce que nous en faisons, l›a toujours été,
le sera toujours. »* —Grand-maman Moses

Une des choses qui me rend la plus heureuse est d'être invitée à faire offic de facilitateur, parce que c'est une opportunité pour moi d'amener les gens à prendre des mesures spécifiques qui seront bénéfiques pour tous.

Faciliter signifie conduire les gens à leur propre prise de conscience et les ouvrir à la possibilité et la valeur de faire de petits changements. Je suis souvent invitée par des organisations pour créer et diriger une discussion en vue de résoudre un problème spécifi ue. C'est la facilitation au niveau le plus élémentaire, et j'ai trouvé que c'était un outil très puissant.

Une expérience intéressante que j'ai eu lorsque j'ai été invitée pour aider à résoudre un dilemme concernant l'hôpital pour enfants de Philadelphie. L'hôpital avait été désigné comme hôpital aimant, ce qui est un honneur prestigieux. Les managers étaient fiers de ce statut et voulaient le protéger, mais ils faisaient face à un grave problème; certains membres du personnel de soins sentaient comme s'ils n'étaient pas dûment pris en compte, alors qu'ils étaient un élément important de la réussite de l'hôpital. Ils ont estimé que lorsque était peut-être le médecin qui doit annoncé que quelqu'un allait perdre un enfant, ce sont les infi mières qui ont eu à prendre soin du mourant et du maintien de la communication constante avec la famille en deuil. Bien sûr, l'hôpital a reconnu les connaissances et l'expérience des infirmières comme un atout et voulait les conserver et à leur dévouement. Mais il y avait un conflit évident entre le statut d'aimant de l'hôpital et le ressentiment souffert par un grand nombre de personnel important.

Ma tâche consistait à aider des infi mières à faire face à ce confl t et d'avancer vers une direction plus positive. Je faisais partie d'une équipe de consultants partageant le processus 4-D de "Découvrir, Rêver, Concevoir et Livrer" qui a impliqué tous les trois quarts d'infirmières. Le département entier des soins infirmiers a eu l'occasion de définir la place qu'il occuperait dans l'organisation, et a pris possession de son importance au sein de l'équipe de professionnels de l'hôpital.

Donc, j'ai animé une série d'entretiens en tête-à-un et en groupe avec les divers groupes d'infirmières. C'était surtout intéressant lorsque les jeunes infi mières et les infirmiers plus expérimentés partageaient des histoires pour expliquer pourquoi ils ont choisi une carrière d'infirmiers. Cela a permis aux nouvelles infirmières d'entendre l'histoire des vétérans, et cela a donné aux vétérans un moyen de se rappeler pourquoi elles ont commencé les soins infirmiers en premier lieu. Des relations ont été construites, et des extensions ont été faites entre les disciplines et les départements et, par conséquent, elles étaient tous en mesure d'aller en avant avec de la confiance mutuelle renouvelée. La puissance de la narration, avec un accent sur l'identification des situations et des actions passées ayant donné de bons résultats, a donné de l'énergie à tout le monde afin d'imaginer un avenir meilleur.

Je pense que les personnes (et groupes) qui ont eu les mieux réussis maitrisent leur propre histoire. J'apprécie vraiment la facilitation car ça contribue à développer ce sens davantage, et ça aide aussi les gens qui utilisent leur histoire à prendre les mesures qu'ils doivent prendre. Aider les autres à raconter leur histoire n'est pas seulement une compétence utile en aff ires, c'est un puissant morceau de savoir-faire à tous les niveaux de la vie! Pour que les gens partagent leurs histoires avec vous, ils doivent vous faire confiance. Et pour qu'ils vous fassent confiance, vous devez poser des bonnes questions dans un esprit de recherche sincère. Une fois que vous avez ouvert une discussion libre, vous êtes plus susceptible de changer la façon dont une personne pense, même si ce n'est que légèrement. C'est merveilleux, parce que les pensées mènent aux actions, et un léger changement de la pensée peut être le début d'un grand changement dans la vie.

* * * * *

*«Le leadership est la capacité de
traduire la vision en réalité.» —Warren Bennis*

Questions pour la discussion

Passez à l'action. Notez vos réponses. Partagez avec une amie.

1. Décrivez une occasion où un étranger a partagé une histoire avec vous. Qu'avez-vous ressenti?

2. Écrivez une brève biographie de vous-même comme si vous l'écriviez cinq années plus tard. Que raconte-t-elle?

3. Avez-vous déjà fait un petit changement qui a provoqué une grande différence? Qu'avez-vous fait, et quel a été son impact?

4. Pouvez-vous énumérer dix façons dont vos pensées influencent vos actions dans votre vie quotidienne?

5. Quelle-est la meilleure question qu'on vous ait jamais posée? Comment avez-vous répondu?

6. Qu'est-ce que vous êtes curieuse de savoir? Quelles mesures pouvez-vous prendre dès maintenant pour en savoir plus sur ce sujet?

La soupe de Pierre (Conte populaire)

Il était une fois un voyageur qui venait d'un petit village et qui était fatigué de son long périple. Il n'avait rien à manger et espérait que quelqu'un dans le village puisse le nourrir, mais en allant de porte en porte, la réponse fut à chaque fois non.

Imperturbable, le voyageur est allé à la place du village, a sorti une marmite de son sac, l'a remplie avec de l'eau, a allumé un feu et a laissé tomber une seule pierre dans le pot. Un villageois passant par là s'arrêta et lui demanda ce qu'il faisait, et le voyageur répondit, «Je fais de la soupe de pierre. Voulez-vous vous joindre à moi?» Intrigué, le villageois demanda si des carottes iraient bien dans la soupe de pierre. «Bien sûr» répondit le voyageur. Le villageois ramena des carottes de son jardin pour les ajouter à l'eau bouillante. D'autres ont apporté des pommes de terre, des champignons, des oignons, du sel, du poivre, du maïs, et tout a été jeté dans le mélange. Enfin, le voyageur a enlevé la pierre du pot et a déclaré: «La soupe de pierre est prête!» Et, ensemble, ils ont tous apprécié un copieux et délicieux bol de soupe.

__Moralité:__ Nous pouvons faire plus de choses en tant qu'individus quand nous mettons en commun nos ressources et travaillons ensemble.

Acceptez l'amour

*«Nous devons apprendre à nous aimer en premier,
dans toute notre gloire et nos imperfections.»* —John Lennon

Ce moment est revenu, celui où il faut regarder en arrière et vers l'avant. Je me sens vraiment reconnaissante pour le soutien que j'ai reçu de la part d'amis et de collègues dans le passé; rappelez-vous, recevoir du soutien est étroitement lié au fait de le donner afin de rendre service. Je crois vraiment en la sagesse d'apporter des fleurs, autant que je crois en la sagesse de les recevoir avec gratitude!

Vous pouvez penser à l'histoire d'Earl Graves Sr. comme un exemple où on "apporte des fleurs" (c'est un peu étrange, mais je ne pense pas qu'il soit dérangé par la comparaison); certainement, ce fut une expérience passionnante pour moi de partager une scène avec lui, mais j'étais aussi heureuse de partager cette expérience avec beaucoup d'autres personnes chanceuses! Le soutien est une expérience intrinsèquement mutuelle.

Une fois que vous avez trouvé une communauté de personnes qui vous soutiennent, les choses commencent vraiment à se réchauffer! Vous êtes libres d'être vulnérables et de prendre des risques. Vous êtes également libres pour encourager les talents des autres, accepter les dons des autres et de leur montrer de l'appréciation. La puissance pure et dure de la concurrence et de la volonté ont sa place dans la vie et dans les affaires; mais le doux pouvoir de l'acceptation, de la vulnérabilité et de la demande d'aide est tout aussi puissant.

SIGNIFICATIVE !

A présent, nous avons appris que d'être vraiment signifi ative signifie en fait s'améliorer, petit à petit, de jour en jour. Mais vous ne pouvez pas toujours être dans le siège du conducteur dans la vie, et c'est de cela que traitent les histoire suivantes.

13

Choisir de partager

«Chaque personne dans cette vie a quelque chose à m›apprendre - et dès que j'accepte ça, je m'ouvre à l'écoute.» —Catherine Doucette

Je dis souvent aux gens que j'ai eu l'avantage d'une vie luxueuse. Pas le luxe type fond fiduciaire, jet-set et haute-couture, mais plutôt le luxe du choix. J'ai eu la chance d'être en mesure de me concentrer sur le développement de plusieurs entreprises, et j'ai façonné ma vie selon ma propre vision.

Quand j'avais une vingtaine d'années et me battait à essayer de gérer une entreprise avec un budget serré, passant souvent de longues journées et de longues nuits, j'avais parfois l'impression qu'il n'y avait pas assez de temps au monde et qu'il n'y en aurait jamais assez. Et pourtant, un jour, j'ai choisi de passer beaucoup de temps sur un projet qui n'avait absolument rien à voir avec ma vision de l'entreprise.

À cette époque là, j'avais une stagiaire, Christine, qui m'aider à exécuter les tâches quotidiennes. La mère de Christine avait été l'une de mes étudiantes et nous avions développé une amitié, alors c›était comme ça que j'ai rencontré Christine.

Après un début prometteur, l'énergie de Christine sur l'emploi a commencé à décliner tout à coup. Elle commençait a venir trois jours par semaine, ensuite deux jours, et de deux à un jour, jusqu'à ce que finalement je suis devenu préoccupée d'elle. J'ai commencé à l'appeler régulièrement pour la rassurer qu'elle était une partie vitale et précieuse de mon équipe. C'est lors d'un de ces appels que Christine m'a révélé qu'elle était enceinte, et que sa relation amoureuse était en train de s'effondrer.

Cette nouvelle information m'a mis dans une position inconfortable car Christine n'avait même pas encore annoncé cela à sa mère! J'ai immédiatement commencé à penser à inviter Christine - et ses deux autres enfants - à venir vivre avec moi! Je pouvais voir qu'elle avait besoin de stabilité, et qu'elle n'avait pas trop d'options. Mais ce n'était évidemment pas une décision facile pour moi. Après tout, trois autres personnes - et bientôt un nouveau-né - vivant dans ma maison avec moi pourraient complètement changer ma vie. Et, jusqu'à présent, ma vie avait été complètement sous mon contrôle, à suivre mon emploi du temps.

J'ai dit à Christine de venir.

Heureusement, alors que j'offrais de la stabilité à cette petite famille sous mon toit, j'ai commencé à trouver mon propre équilibre également, et en prenant soin d'eux, j'ai reçu des avantages aussi. Par exemple, avant que Christine et sa famille ne viennent vivre avec moi, je ne prenais pas le petit déjeuner régulièrement, mais ces trois enfants avaient besoin d'un bon départ pour la journée, donc petit déjeuner obligé! Tous les jours. De même, Christine n'avait pas beaucoup d'argent, donc nous avons travaillé à gérer et à mettre en commun nos ressources de la meilleure façon possible pour pourvoir la tablée en nourriture pour tous les cinq d'entre nous. Nous avons établi des routines, et j'ai ressenti une joie nouvelle à être attentive aux besoins des autres, après des années de vie en solo.

Je me suis beaucoup amusée avec les enfants, et j'ai été étonnée de voir à quelle vitesse mon instinct maternel s'est enclenché! Nous aimions faire des excursions d'une journée au zoo, ou aller à la cueillette des fraises dans une ferme. J'ai essayé de les exposer à des choses qu'ils n'auraient probablement pas pu connaître sans mon influence, et j'ai essayé de partager les valeurs et les enseignements utiles que mes parents m'avaient inculqués - des choses simples comme dire «s'il vous plaît» et «merci».

Je me sentais comme une grande sœur pour Christine également, étant donnée que je l'ai aidée à traverser cette épreuve diffi le de sa vie.

Avant cela, j'étais uniquement axée sur le développement de mon entreprise, avec les yeux braqués vers un horizon déterminé. Je contrôlais tout. Mais le fait d'avoir eu à changer de cap pour aider à prendre soin d'une famille qui avait besoin de moi, tout en étant une aubaine pour elle, était vraiment un cadeau pour moi. Tout ceci a ravivé en moi l'instinct maternel ainsi que la joie de donner et de recevoir de l'amour, ce qui est la récompense la plus précieuse qui soit.

Christine et moi sommes devenues des amies qui pouvaient se faire confiance. Et longtemps après qu'elle ait décidé de partir, dorénavant fortifi e par l'abri que j'avais fourni à sa petite famille, je recevais des nouvelles d'elle et des enfants. Notre relation a continué à être une source de joie pour moi au fil des années.

J'ai appris que quand vous êtes sur la route que vous avez définie pour vous-mêmes, c'est un moment idéal pour être une lumière pour quelqu'un d'autre qui essaie de trouver son chemin, même si cela implique la réorganisation de votre emploi du temps pour un petit moment. Le choix de partager ce que vous avez avec quelqu'un qui a des besoins peut vous jeter hors de la piste pour un coup de temps, mais cela peut aussi vous mettre exactement sur le bon chemin en tant qu'être humain.

* * * * *

*"Les bonnes actions nous donnent de la force
et inspirent des bonnes actions à d'autres."* —Plato

Questions pour la discussion

Passez à l'action. Notez vos réponses. Partagez avec une amie.

1. Pour moi, avoir le choix est un luxe. Quels sont les «produits de luxe» dans votre vie?

2. Quand avez-vous crée vos propres choix?

3. Que seriez-vous prête à sacrifier u à risquer pour aider quelqu'un d'autre?

4. Avez-vous l'impression que vous avez suffisamment de choix qui s'offrent à vous? Listez cinq façons dont vous pourriez agir dès maintenant pour vous en créer plus.

5. Quelle est votre vision de la vie parfaite?

6. Comment pourriez-vous utiliser votre vie parfaite pour aider les autres?

14

Marchez Avec Moi

«Quand rien n'est sûr, tout est possible.» —Margaret Drabble

Pour ceux d'entre nous qui sont nés de bonne santé, apprendre à marcher c'est une étape dont nous ne nous souvenons ou pensons pas. Nous faisons ces premiers pas incertains lorsqu'on sommes des bébés vulnérables, quelqu'un prend une photo, puis nous tombons dans les bras bienveillants d'un parent ou d'une autre personne souriante qui nous attendait pour nous rattraper. Une fois qu'on s'y habitue, marcher n'est plus un problème! C'est comme ça que nous allons d'ici à là, c'est ce que nous arrivons à accomplir sur notre chemin qui nous mène aux choses plus importantes. Avec le soutien de notre corps, nous parvenons à aller de l'avant, en prenant pour acquis le miracle qui consiste à faire un seul pas.

En Avril 2005, j'étais au milieu de quelque chose d'important: un programme de MBA à Eastern University. Un soir, cependant, alors que j'étais dans ma voiture devant un café du coin, j'ai reçu l'appel alarmant de mon médecin que l'IRM que j'avais fait récemment montrait que j'avais un cancer du sein, et que le traitement recommandé était une mastectomie. Je suis habituellement une personne réservée, mais j'ai décidé deux choses, assise seule dans la voiture: je n'allais pas laisser un cancer me dérailler, et je ne voulais pas affronter cela seule.

Je m'ai maintenue dans mon programme de MBA tout au long du traitement, et après la mastectomie, on m'a dit que je devais avoir de la chimiothérapie. L'idée de prendre ce qui est fondamentalement du poison m'avait vraiment effrayée, et je savais que j'avais besoin de renforcer à la fois mon esprit et mon corps avant de subir le traitement. Donc, pour me préparer mentalement et physiquement pour la chimio, j'ai décidé de faire une promenade, mais pas quelqu'une que soit; je m'engageait dans la Fondation Susan G. Komen au programme Marcher Pour La Guérison, une marche de soixante miles en trois jours. En m'engageant à faire cette marche-marathon, je me sentais immédiatement plus forte, parce que j'étais en train de faire quelque chose que la plupart des gens en bonne santé ne feraient pas! En outre, la préparation mentale et physique fournie par la marche, cela m'a aussi permis de partager mon histoire avec d'autres. J'ai donc commencé à parler aux gens de ma situation et de mon intention de finir a marche.

La vague de soutien a été immédiate. Des gens m'ont envoyé des notes et des emails avec des mots d'encouragement, ainsi que des propositions de parrainage pour ma marche. Au début, je trouvais cette réaction très accablante, étant moi-même une personne si privé, mais bientôt je sentais un profond sentiment de gratitude à l'égard des nombreuses personnes qui m'ont contactée avec leurs mots d'encouragement et d'amour.

L'une des personnes qui ont été atteinte est venu à ma grande surprise. Je ne connaissais pas Susy très bien quand nous étions étudiants à Princeton ensemble, mais quand elle a apprise mon cancer et mon plan pour le promenade, elle a dit qu'elle le ferait avec moi. Elle n'a pas seulement parcouru toute les milles de la marche avec moi, mais elle s'est aussi rendue du Minnesota à Philadelphie par avion avec trois autres personnes qui ont aussi participé, en solidarité, à la marche d'Octobre! Avec Susy à côté de moi - cette femme avec qui j'étais allé à l'université il y a près de vingt-cinq ans - signifiait plus pour moi que je peux l'exprimer.

La vie m'avait donné un coup sévère, mais j'ai décidé que je devais me lever et marcher à nouveau - littéralement.

Et une fois que cette décision était prise, Susy est apparue, le visage souriant, les bras tendus, en disant: "continuez à marcher, ma chérie, vous pouvez compter sur moi." Le traitement du cancer peut avoir commencé dans le bureau du médecin, mais la véritable guérison a commencé avec ce marathon à pied et le soutien de Susy, ses amis et les autres personnes qui ont fait preuve de solidarité avec moi.

Nous n'apprenons pas à marcher tout seul, et peu importe l'âge que nous ayons ou quelles sont les conditions dans lesquelles nous vivons, nous avons toujours besoin d'autres personnes pour marcher à nos côtés dans le chemin de la vie. Le contact humain, une touche personnelle, et des connexions sincères sont essentiels à notre mouvement vers l'avant, et vous pouvez être surpris par les gens qui décident de vous joindre - quand vous avez le courage de les demander.

* * * * *

"La vie, c'est 10% de ce qui m'arrive et 90% de la façon dont je me porte à l'égard de cela." —John Maxwell

Questions pour la discussion

Passez à l'action. Notez vos réponses. Partagez avec une amie.

1. Pensez à un moment où vous avez surmonté un défi majeur. Comment êtes-vous parvenu à relever ce défi majeur.

2. Pensez à un moment où vous étiez vulnérable et avez tendu la main à quelqu'un d'autre pour de l'aide. Qu'avez-vous ressenti?

3. Qui est la personne de qui vous vous sentez le plus proche? Décrivez cette relation.

4. Décrivez une occasion où vous aviez besoin de guérir. Comment avez-vous fait?

5. Quelles sont les relations que vous avez et que vous pensez qu'elles vous aident à atteindre vos objectifs?

6. Quelles sont les relations qui pourraient ne pas vous aider à atteindre vos objectifs? Quelles mesures pouvez-vous prendre dès maintenant pour les changer?

15

Garden Groove

"La sagesse et la pénétration sont fruits de l'expérience, pas des leçons de la retraite et des loisirs. Grandes nécessités appellent aux grandes vertus." —Abigail Adams

Quand j'étais une petite fille, ma famille entretenait un immense jardin. Tout le monde avait des devoirs à faire, et la responsabilité de la désherbage était tombé sur mes épaules. Au début, je l'ai trouvé ennuyeux. Je pouvais comprendre l'objectif de le faire, mais je ne pouvais pas comprendre pourquoi je devais être la seule à repousser ces infiltrés verts de la terre. C'était juste un fardeau! Mais peu à peu j'ai commencé à tomber amoureuse de l'ensemble du processus alors que j'ai commencé à observer de près les graines minuscules - morceaux de presque rien - qui croissent pour devenir de la nourriture et nous aider à vivre. Maintenant que j'ai grandi, je n'ai jamais perdu ce sentiment, la magie d'aider les choses à se développer. En effet, au fil du temps je suis devenue plus passionnée de jardinage, et sa signification est devenue plus importante pour moi au bout des années.

Tout d'abord, maintenir un jardin c'est sensuellement gratifiant. C'est une récompense pour les sens! Sentir mes doigts dans le sol, l'odeur de la terre après la pluie, l'odeur de la tomate et des feuilles de basilic, la vue des fleu s délicates du concombre et les pousses des citrouilles tout cela et plus me donne un plaisir immense et continu. J'avais l'habitude de jardiner en écoutant de la musique avec des écouteurs, mais plus tard, j'ai commencé

Significative !

à apprécier le moment pour ce qu'il était: profond et simple, occupé mais encore tranquille et digne de toute mon attention.

Une fois que j'ai appris à apprécier cette expérience, j'ai commencé à remarquer des similarités entre la vie quotidienne et l'activité de jardinage. Pour moi, le savoir-faire impliqué dans la culture des légumes, des fleus et des herbes est incroyablement utile dans la négociation de la vie quotidienne.

Tout d'abord, un bon jardinier c'est un excellent observateur. Les plantes sont des êtres vivants qui font partie d'un système naturel dynamique et fluide, donc il est important de prêter une attention particulière aux petits changements et de les modifier en conséquence. Le processus consiste beaucoup plus que d'arroser une fois par jour et espérer qu'il y ai du soleil ! Si vous prêtez attention à tous les facteurs et travaillez dur, les choses commencent à pousser dans votre jardin ; c'est la même chose dans la vie. Plus nous créons des conditions justes et équilibrées pour ce que nous essayons de développer, plus nous obtiendrons des résultats plus positifs.

Deuxièmement, le partage de la récolte est un aspect particulièrement beau et utile du jardinage. Une année, je me suis promenée dans le voisinage, en offrant des paniers pleins de belles concombres et de courges du potager. C'est merveilleux de voir combien les gens apprécient les fruits de votre travail, et ensuite décider de les partager avec eux ! L'esprit et l'acte de partager ont des applications universelles et apportent des récompenses inattendues à la fois pour celui qui donne comme pour celui qui reçoit.

Pourtant, je suis toujours absolument fascinée par la façon dont les mauvaises herbes poussent. Malgré tous vos efforts, elle poussent là où vous ne les avez pas plantées ! Regarder les mauvaises herbes c'est comme regarder des films d'action au ralenti - elles complotent, elles planifie t et se développent comme si le sol leur appartenait. Si ignorées, les mauvaises herbes prennent le dessus et étouffent les plantes que vous souhaitez cultiver. Comme nous l'avons vu jusqu'à présent dans ce livre, même si on se montre prudent et attentif à l'égard de son jardin, ou aux choses qu'essaie de développer, les mauvaises herbes vont toujours pousser - sous la forme de défis inattendus et d'obstacles.

Vous pouvez voir les mauvaises herbes comme une nuisance comme je l'ai fait au début, ou vous pouvez les accepter comme des enseignants, et en tant que partie intégrante de l'ensemble du processus avec leurs propres leçons à enseigner. Les mauvaises herbes sont persistantes! Les mauvaises herbes sont des opportunistes! Les mauvaises herbes sont d'un succès incroyable, et elles réussissent avec très peu d'encouragement. Elles sont autopilotées. Comment allez-vous réagir lorsque les mauvaises herbes pousseront dans le jardin de votre vie? Vous pouvez choisir de répondre aux mauvaises herbes en abandonnant tout simplement et en laissant de côté votre jardin, ou vous pouvez garder vos mains en terre et continuer à creuser, en y accordant une attention toute particulière.

Faites attention à la culture de votre jardin, regardez et écoutez tous les signes, jusqu'à ce que vous obteniez la récolte que vous désirez.

* * * * *

"Ceux qui souhaitent chanter trouvent toujours une chanson." —Proverbe suédois

Questions pour la discussion

Passez à l'action. Notez vos réponses. Partagez avec une amie.

1. Quels sont vos hobbies? Est-ce qu'ils vous enseignent quelque chose que vous pourrez appliquer dans votre vie quotidienne?

2. A votre avis, qu'est-ce que vous êtes en train de «planter» dans le jardin de votre vie? Après y avoir réfl chi, aimez-vous la "culture" que vous "soignez"?

3. Y a t-il quelque chose ou quelqu'un qui est comme une "mauvaise herbe" dans votre vie, mais qui pourrait encore avoir une leçon à vous enseigner?

4. Décrivez un moment où le fait de ne pas prêter attention vous a coûté quelque chose. Qu'est-il arrivé?

5. Quelles mesures pouvez-vous prendre pour devenir une personne plus patiente?

6. Quelles sont les activités qui vous rendent calme et pleine d'énergie? Après réflexion, pensez-vous que vous participer suffisamment à ces activités, et si non, pourquoi ne le faîtes vous pas?

La fourmi et la chrysalide (Aesop)

Une fourmi, rodant agilement sous le soleil à la recherche de nourriture, rencontra une Chrysalide qui était très proche de sa période de métamorphose. La Chrysalide bougea sa queue, et ainsi elle attira l'attention de la fourmi, qui vit alors pour la première fois qu'elle était vivante. «Animal mauvais et pitoyable!» s'écria la fourmi avec dédain. «Quel triste sort est le vôtre! Alors que je peux courir çà et là pour mon grand plaisir et monter le plus grand arbre, vous vous trouvez emprisonnée ici dans votre coquille, avec seulement le pouvoir de déplacer un ou deux joints de votre queue écailleuse.» La Chrysalide entendit tout ceci, mais n'essaya pas de donner une quelconque réponse.

Quelques jours plus tard, quand la fourmi passa de nouveau par ce chemin, il ne restait plus que la coque. Curieuse de savoir ce qu'était devenu son contenu, elle se sentit tout à coup ombragée et soufflée par les ailes magnifiques d'un beau papillon. «Me voici», dit le Papillon, «votre ami bien à plaindre!» Vantez-vous maintenant de vos capacités à courir et à grimper aussi longtemps que vous pouvez me faire écouter. En disant ces mots, le Papillon s'éleva dans les airs, et porté dans la brise d'été, se perdit bientôt à la vue de la fourmi pour toujours.

Morale: *Les apparences sont trompeuses.*

Soyez Significatives!

*« Vous avez tout ce dont vous avez besoin pour construire
quelque chose de bien plus grand que vous-même. » —Seth Godin*

Nous nous approchons de la fin de ce livre. Vous avez sans doute remarqué maintenant comment la vie elle-même se chevauche, et nous met dans des situations comme pour voir si nous avons appris nos leçons. J'ai fait face à de multiples problèmes de santé, mais j'ai choisi de ne pas les laisser me définie. Vous avez peut-être été confrontée à des défis qui changent la vie et les mêmes types de choix s'ouvrent à vous. D'ailleurs, le choix est un luxe dont la plupart d'entre nous jouissons dès la naissance, mais que beaucoup d'entre nous négligent. Comme la fourmi dans le conte d'Ésope, beaucoup de gens ne parviennent pas à reconnaître le papillon en eux-mêmes et les autres, mais lorsque nous savons que nous sommes importantes, nous pouvons nous transformer et atteindre notre plein potentiel. Nous pouvons choisir de voler!

C'est ce que cela signifie pour moi d'aimer la vie; cela signifie reconnaître que chacun de nos choix est une sorte de graine à partir de laquelle notre vie future va croître. Cela signifie prêter attention à ce qui est autour de nous et de travailler avec ça, parce que même quand nous sommes face à un jardin plein de mauvaises herbes, nous pouvons encore nous sentir capables de cultiver des plantes plus désirables. Tout au long de ce livre, je vous ai encouragée à tenir compte de votre propre histoire et de vos propres choix. Demandez-vous: Quel genre de vie cultivez-vous en ce moment? Les histoires de la section suivante sont très simples. Elles parlent des fois où j'ai essayé de prendre ma gratitude pour le don de la vie, de la transformer en une force pour créer la meilleure réalité possible pour moi-même et les autres et, ce faisant, de prendre mon envol et démontrer ma vraie signifiance.

16

Pensez: PRA

"C'est votre place dans le monde, c'est votre vie. Allez-y et faites tout votre possible avec ça, et faites-en la vie que vous voulez vivre." —Mae Jemison

L'expérience c'est un professeur cher. L'avantage est qu'une fois que vous apprenez quelque chose à travers une expérience, vous le savez vraiment. Vous savez ce qui fonctionne et vous savez ce qui ne marche pas, parce que vous avez été des deux côtés. Mais l'inconvénient c'est qu'en se fondant uniquement sur l'expérience on apprend lentement. Vous cherchez par ici, puis par là et, finalement, vous trouvez une solution. En tant qu'entrepreneuse en série, avec plus de trente ans d'expérience dans le monde de l'entreprise, comprenant sept postes dans des sociétés nationales et internationales dans quatre industries différentes, j'ai observé un modèle comportemental chez moi-même et chez les autres que j'ai catalogué en trois groupes: les passionnés, les chercheurs, et les faiseurs.

Permettez-moi de vous parler des passionnées en premier. Elles sont du type «moi d'abord». Ce sont celles qui se sentent absolument, et positivement obligées de suivre une idée parce qu'elles l'aiment, parce que c'est leur passion. Et c'est très bien! La passion est puissante. Mais, à moins que la passion ne soit dirigée vers un problème réel, à moins qu'il n'y ait une vision qui relie cette passion à un but dans le monde réel, elle n'accouchera probablement de rien. Je le sais parce que j'ai été une passionnée!

Pendant un certain nombre d'années, alimentée par la vision d'un généraux potager organique, je me comportais comme une passionnée classique. J'étais absolument en train de nager avec une vision de plusieurs mois de potager organique, de légumes frais; ainsi aucun frais ne semblait pas déraisonnable pour mon nouveau conteneur extérieur de jardin. Je parcourais la section de jardinage de mon grand-magasin local avec un panier à plat et je l'ai impatiemment rempli avec des bonnes choses comme un enfant sans surveillance dans un magasin de jouets. J'ai acheté une tonne de choses. Vérité? J'ai même commandé des œufs de vers. Oui, je l'ai fait. J'ai dépensé plus de 450 dollars en fournitures de jardinage pendant une seule journée!

Mais cependant que j'ai eu une vision et la passion pour y aller, il me manquait un véritable plan et une façon pour le faire. Je n'avais pas créé le croquis du jardin, ni pensé à quelqu'un qui pourrait prendre soin de mon paradis végétarien quand je serais hors de la ville, et n'avais même fait un budget! Encore pire, après avoir soulevée à plusieurs reprises tous ces sacs de terre à 20 livres et avoir passé chaque matin depuis très tôt ans le jardin, j'ai eu des douleurs musculaires et des piqûres d'insectes partout sur mon corps et j'étais complètement fatiguée de me lever tous les jours avant le lever du soleil pour travailler dans mon "paradis"! D'une certaine façon, je n'étais plus tellement motivée avec le projet.

Et ainsi j'ai éprouvé avec de dures peines ce que c'est d'être une passionnée! Certes, la passion c'est aussi une vraie étincelle et tous les passionnés ont une puissance tellement importante en soi qu'ils s'y mettent avec toutes leurs forces. Mais l'équilibre est le plus important.

Ce qui nous mène au deuxième type de personne. Je les appellerai les «chercheurs». Ce sont des gens qui sont très passionnés par quelque chose, mais tout en sachant aussi qu'ils sont toujours en manque d'aide ou d'informations supplémentaires, ce qu'ils cherchent vivement. Ils regardent dans tous les coins, mais aussi sous chaque objet! Très souvent, ce type de personne découvre dans leur quête des informations et des stratégies tellement utiles qu'ils conceptualisent très fermement leur passion.

Après j'ai décidé que je voulais poursuivre un MBA, je me suis plongé dans une recherche. J'ai enquêté sur 20 écoles, et j'ai interviewé 10 anciens et des étudiants actuels de ces institutions en tenant pour base mes connexions. J'ai assisté à des journées portes ouvertes et j'ai parlé à des recruteurs. Et bien sûr, j'ai développé une matrice des cours, des frais de scolarité, et des professeurs, pratiquement en réécrivant le guide des programmes MBA au cours du processus! À certains égards, ma recherche intensive et mon investigation non-stop étaient une perte de temps. J'ai tellement insisté à tout exécuter par mes propres moyens que j'ai ignoré la valeur des ressources qui étaient déjà disponibles. J'étais une chercheuse têtue et je voulais le faire toute seule ! D'un autre côté, j'ai trouvé exactement le programme adapté à moi. Je faisais partie d'une communauté de gens qui apprenaient et à la fois appliquaient le savoir-faire du management! J'adorais tous ceux que j'y rencontrais. Je pouvais à peine me retenir jusqu'à jeudi soir et ainsi pouvoir aller en cours!

L'expérience de recherche d'écoles a réussi; mais mes expériences de chercheuse ne se sont pas toujours bien terminées, et dans le parcours de ma vie il y a eu aussi beaucoup de moments où je pourrais avoir cherché de l'aide et je ne l'ai pas fait. Arrivée en seconde, j'étais deux ans plus jeune que tout le monde et j'étais sûre que je pourrais obtenir une mention très bien seulement par mes propres efforts. Je crois que ça c'était pour moi une question d'honneur que je devrais tenir toute seule. Un certain jour, en sachant que j'avais du mal à apprendre la chimie, un prof très sympa m'a dit: «Frances, tu dois apprendre à demander de l'aide». Eh bien, il m'a fallu un certain temps pour apprendre cette leçon, mais maintenant je sais que la quête passionnée d'expériences est autant puissante que le soutien des autres et les renseignements grâce auxquels on obtient de meilleurs résultats dans un temps record.

Enfin, nous allons parler du troisième type de personne que j'appelle les «faiseurs». Vous avez probablement deviné que ce genre de gens sont d'autant plus passionnés, c'est vrai, mais ils se concentrent avant tout sur la mise en pratique. Le faiseur a le don du courage, mais il peut se brûler en sautant dans l'eau chaude avant de bien la vérifier auparavant ! J'ai eu de nombreuses expériences en tant que entraineuse d'affaires, en essayant de réparer les échecs des faiseurs qui agissent avant de penser. Certains ont signé des baux à long terme et ils ont coulé des milliers de dollars dans des améliorations comme l'installation des appareils et abatant des parois et des murs, sans d'abord obtenir en premier lieu l'approbation des conseils communautaires, des permis et l'inspection des ministères. Le résultat? Perte fi ancière, détresse émotionnelle, réputation ternie et du crédit endommagé. Parfois, se lancer à la bataille c'est justement ce qu'il faut, mais avoir d'abord un plan ça fait de l'aide.

Beaucoup d'histoires que je partage dans ce livre sont sur ma évolution en tant que personne qui mélange ces trois personnalités d'une façon créative. Rappelez-vous de mon entreprise de planifi ation de fêtes que j'ai dirigé avec un budget serré quand j'étais au collège? Elle a été nourrie par ma passion d'être curieuse, en écoutant, et de faire des questions.

Et puisque j'aime résoudre des problèmes et relier les points, j'ai cherché des moyens pour trouver des ressources (étudiants d'université qui voulaient travailler, et des clients qui avaient besoin des services de serveuse et de barman). J'ai agi en postant des dépliants, en trouvant ce qui pourrait motiver un étudiant à s'engager à travailler pour moi, et en utilisant l'analyse des coûts, de la logistique, du marketing et du salaire pour créer une entreprise.

Une chose que je sais pour sûr: personne ne fait cavalier seul. L'entrepreneuriat n'est pas un sport solitaire, et il y a des gens qui, au long du trajet, vont renseigneront sur votre voyage et qui se joindront à votre équipe. Ma passion pour l'apprentissage et sa partage a créé, pour moi-

Pensez: PRA

même, des opportunités de rechercher des personnes avec des intérêts similaires, avec des compétences complémentaires, et avec de l'expérience vérifie. Je me sui mise en action. Bien sûr, pas toutes les situations ont réussi comme je rêvais. Mais aujourd'hui, en tant que présidente de Significant Business Results LLC, j'ai une carrière très enrichissante en entraînement des entrepreneurs à mieux réussir dans leurs entreprises.

Quelqu'une de ces personnalités entrepreneuriales dont j'ai parlé ici peut atteindre des objectifs, parce que chacune c'est profondément engagée avec la vie. Mais mélangées ensemble, ces trois personnalités sont la voie la plus sûre vers le succès. Il s'agit de la connaissance de soi-même et de savoir quelle est vraiment votre personnalité par défaut. Pourquoi? Parce que quand vous avez cette connaissance sur vous-même, vous pouvez trouver des personnes et du soutien dont vous avez besoin pour obtenir le succès que vous désirez. La chenille doit tisser son cocon pour, ensuite et fi alement, devenir à être le papillon qui prend son envol!

Comment pouvez-vous vous rappeler le mieux de la séquence correcte? Pensez: PRA. Non, pas de Plan de Reprise D'activité, mais plutôt la Passion, ensuite la Recherche, et enfin, 'Action.

Sans cet équilibre et l'ordre du déroulement des événements, vous pouvez facilement vous trouver coincé dans toute entreprise dans laquelle vous vous embarquez. Cependant, en obéissant à l'ordre naturel et en vous entourant de gens qui complètent vos forces, vous vous transformerez dans le papillon que vous rêvez d'être!

* * * * *

*"Faites ce que vous pouvez, là où vous êtes,
avec ce que vous avez." —Teddy Roosevelt*

Questions pour la discussion

Passez à l'action. Notez vos réponses. Partagez avec une amie.

1. Pensez à un moment où vous étiez passionné par quelque chose. Qu'était-ce, et que s'est-il passé?

2. Pensez à un moment où vous avez cherché une personne ou un service pour compléter vos forces. Qu'est-il arrivé?

3. Pensez à un moment où vous avez agi au sujet de quelque chose qui vous passionnait. Est-ce que cela a fonctionné? Qu'est-il arrivé?

4. Qu'est-ce qui vous passionne le plus en ce moment?

5. De quoi, ou qui avez-vous besoin de trouver pour vous aider à activer votre passion?

6. Pouvez-vous citer trois actions spécifi ues possibles dès maintenant qui peuvent transformer votre passion en une entreprise?

7. Après réflexi n, quelle personnalité (passionnée, chercheuse, faiseuse) pensez-vous être par "défaut"? Expliquez en détail.

17

Élever (Mon) bébé

"Aimer un bébé c'est une entreprise circulaire, une sorte de feedback en boucle . Plus vous le donnez, plus vous l'obtenez et plus vous l'obtenez, plus vous avez envie de le donner." —Penelope Leach

Nous vivons tous dans trois mondes à la fois: le monde de l'égo, le monde de la famille, et le monde de la communauté. En fonction des priorités personnelles, l'attention peut être mise sur un ou plusieurs de ces mondes à un moment spécifi ue. C'est important parce que ce à quoi une personne est engagée détermine où elle concentrera sa passion, ses soins et son énergie.

Tout au long de ma vie et de ma carrière, j'ai pris des décisions entraînées par ma passion pour la création de grandes entreprises, et j'ai développé un sens profond de l'engagement, informée par mes expériences familiales précoces, en particulier celles avec ma mère.

Ma mère a travaillé durement pour m'élever, à mes soeurs et à moi-même, et pour nous donner le meilleur de ce qu'il y avait dans la vie pour nous offrir. Son concept de nous élever incluait le fait de s'assurer à ce que nous ayons une bonne éducation, et de clarifier ce qui était attendu de nous par notre famille et par notre communauté. De cette façon, nous comprenions "les règles"; nous pouvions anticiper les résultats de nos actions, et apprendre à faire des décisions éclairées.

Ma mère et mon père étaient des pionniers parce qu'ils sont tous les deux allés en école de médecine à une époque où il y avait peu de noirs qui le faisant. Cela a demande beaucoup de courage et de discipline de leur part. Et quand notre famille a déménagé dans la banlieue dans les années 1970, même si j'étais très jeune, je m'aperçus que mes deux parents craignaient certains répercussions parce qu'ils étaient noirs et qu'ils rejoignaient une communauté de banlieue de la classe moyenne où quelques familles noires s'étaient installées. Bien qu'étant une très jeune fille, je me souviens d'avoir eu une espèce d'anxiété flattante à propos des croix enflammées et la sécurité physique de ma famille. Donc, lorsque le comité d'accueil c'est venu à la porte de la nouvelle maison, je restai discrètement assise au sommet des escaliers en me demandant si ma mère hésitait à ouvrir la porte parce qu'elle partageait de ma sourde anxiété. Malgré cette "distinction" sociale sous-jacente, notre mère faisait toujours tout ce qu'il était possible pour s'assurer que nous, les enfants, sachions que notre sécurité et notre développement personnel et intellectuel étaient ses priorités les plus hautes et, par conséquent, mes sœurs et moi, nous nous avons grandi avec un sentiment de sécurité et de bien-être.

J'ai porté de ma mère le profond sens de la responsabilité dans ma vie professionnelle, j'ai toujours sentie que pendant une journée de 24 heures, j'irai prendre autant de temps qu'il fallait pour faire mon mieux en protégeant et faire grandir mon entreprise. Et pendant que certaines personnes cherchent à devenir des virtuoses de la musique, des autorités intellectuelles ou encore des femmes ou parents exemplaires, j'ai toujours cherché à devenir la meilleure femme d'affires possible, et mon entreprise a toujours reçu de moi le même type de soins attentionnés que ma mère nous prodiguait, à moi et à mes sœurs. Mais, contrairement à ma mère, je n'ai pas choisi la voie d'avoir des enfants, même s'il est certainement possible de le faire tout ensemble en ayant une carrière réussie! Cela dit, pour moi le sentiment d'accomplissement est venu principalement du développement d'une entreprise en bonne santé, et cela a toujours exigé de moi le même sens de discipline, de direction, de courage, de clarté et, oui, d'amour qu'un enfant reçoit d'une mère. Mon entreprise est mon bébé.

Warren Buffet a dit la fameuse «Vous ne pouvez pas produire un bébé dans un mois en faisant tomber neuf femmes enceinte." Ça c'est une autre façon de dire que, comme les enfants, les entreprises prennent du temps pour grandir et passent par des étapes prédéterminées. Mon "bébé entreprise" a dû recevoir ses vaccins (plans d'aff ires), aller chez le médecin (expert-comptable, avocat, agent d'assurance et banquier), et recevoir une éducation (dans une école de commerce, ou avec un conseiller en aff ires). Et en tant que "parent d'entreprise", j'ai enduré des nuits sans dormir en me demandant d'où allait venir mon prochain client ou ligne de crédit pour que je puisse nourrir mon "bébé". En outre, comme quand il se passe avec un enfant, la façon dont vous vous occupez d'une entreprise aux premières années de sa vie déterminera si elle prospère et se développe ou pas. Et, une fois, j'ai presque perdu mon "bébé".

Vous vous souvenez de mon contrat avec la Mairie de Pittsburgh pour former des employés de la ville à utiliser des logiciels? Eh bien, les termes sur lesquels je l'avais accepté spécifiaient que je fournirais d'abord le service, et que je serais payée 120 jours plus tard, ce qui n'est pas inhabituel pour les contrats avec la Mairie. Avec une masse salariale de 500 dollars par semaine et six semaines environ avant la première rentrée d'argent, cela signifiait que je pouvait disposer d'un minimum de 8000 dollars en réserve, plus une réserve d'impôt de 2000 dollars ! S'ajoutent le loyer, des services publics, des fournitures scolaires, du papier pour l'imprimante, des livres pour les étudiants, et la vérité, c'était qu'en réalité j'avais besoin d'un montant supplémentaire de 10.000 dollars en réserve. Si vous faites du calcul, vous verrez qu'on arrive à une réserve de $20.000!

Je savais, dès le début, que le budget serait serré. Mais il est devenu encore plus serré quand le chèque de la Mairie n'est pas arrivé à l'heure ! Pas de chèque, pas de facture d'électricité et pas de la masse salariale.

Significative!

Pas de paie, pas d'employés, et pas de formations! Pas de formations, pas d'entreprise. Mon "bébé entreprise" allait mourir de faim si je ne faisais pas quelque chose, et rapidement. Malheureusement, je n'avait pas de bonnes relations d'aff ires avec une banque afin d'obtenir du crédit ou un prêt. Et pendant que je faisait une liste de toutes les choses que je possédais et que je pourrais vendre pour avoir de l'argent, celle-ci se prouvait courte et décevante. En désespoir de cause, je me suis tournée vers mes parents pour leur demander de m'accorder un prêt à court terme, et leur réponse a été négative. "C'était votre décision de se lancer dans cette entreprise", ma mère a expliqué, "maintenant vous devez y faire face." Embarrassé, je suis allé voir mes employés et les ai avertis que je ne pourrais pas être en mesure de faire la prochaine paie. Les choses semblaient assez sombres.

Déterminée à sauver mon entreprise, j'ai décidé de créer un nouveau plan dans lequel j'ai expliqué comment je pourrais gérer les fi ances de l'entreprise à l'avenir. J'ai fait des projections hebdomadaires, mensuelles et trimestrielles comparant les recettes aux dépenses. J'ai présenté ce nouveau plan à mes parents, identifié les fonds pour leur rembourser, et ils m'ont gracieusement prêté de l'argent. J'ai fait la masse salariale (à peine), mais j'avais souffert d'avoir eu à admettre comment les choses fragiles avaient semblé à des gens qui comptaient sur moi, et ont eu des enfants (des enfants réellement vivants) à la maison à nourrir. J'avais honte, j'étais frustrée et furieuse avec moi parce que j'avais mis mon "bébé", et d'autres personnes en danger.

Dieu merci, pour nous tous, mon "bébé d'aff ires" a survécu! Mais beaucoup d'entreprises ne survivent pas au-delà des 5 premières années. Selon la US Small Business Administration, plus de 50% des petites entreprises échouent dans les cinq premières années à partir d'une variété de causes, y compris le manque d'expérience (confirmé), les mauvais accords de crédit (confirmé), un capital insuffisant (confirmé), et une variété de d'autres bonnes (et prévisibles) raisons. Mais j'ai appris la leçon, et j'ai fait ce qu'il fallait pour que ma petite "entreprise bébé" grandisse dans un endroit sûr. Bien que mon égo en a quelque peu souffert, je me suis rendu compte que je n'étais pas le seule, et peut-être surtout, j'ai découvert que j'étais prête à tout faire pour m'assurer que non seulement ma société puisse survivre, mais prospérer.

Il y a des crises de croissance qui surviennent avec le démarrage d'une entreprise. Mais chaque fois que je l'ai fait, j'ai appris, développé de nouveaux outils, et les choses sont devenus un peu plus faciles. Finalement, choisir ce qu'on veut nourrir dans la vie c'est une décision personnelle, mais, soit elle "une bébé entreprise", un enfant ou quelqu'autre chose, il est impératif de créer un endroit sûr pour permettre qu'elle se développe. C'est merveilleux que chacun de nous a le pouvoir de choisir, et de donner vie à ses rêves.

* * * * *

"L'homme sage se crée plus d'opportunités qu'il n'en trouve." —Sir Francis Bacon

Questions pour la discussion

Passez à l'action. Notez vos réponses. Partagez avec une amie.

1. Qu'est-ce que vous nourrissez dans votre vie? Pourquoi avez-vous fait ce choix?

2. Quand n'avez-vous pas être capable pour fournir un environnement sûr pour ce que vous aimez nourrir? Qu'est qu'il a arrivé?

3. Comment pouvez-vous créer maintenant un environnement plus sûr pour développer n'import quoi qu'il soit le plus important pour vous?

4. Quelles sont vos trois principales priorités dans la vie?

5. Comment allez vous faire pour améliorer le respect pour ces priorités?

6. Si vous aviez une baguette magique et pouviez changer une chose dans le monde, qu'est était elle? Pourquoi?

18

Pouvez-vous m'entendre maintenant?

"La façon la plus courante par laquelle les gens abandonnent leur pouvoir est en pensant qu'ils n'en ont pas." —Alice Walker

Plus tôt dans ma carrière professionnelle, si je parlais lors d'une réunion pour suggérer une idée, je n'obtenais aucune réponse - comme si ce que j'avais dit n'avait été entendu par qui que ce soit. Ensuite, souvent juste après, quelqu'un d'autre faisait exactement la même proposition et rencontrait une approbation retentissante - surtout si ce quelqu'un d'autre était un homme! La première fois que c'est arrivé, j'ai pris un moment pour me reconsidérer. Suis-je trop sensible? Est-ce que je me faisais des histoires? Après être arrivé à plusieurs reprises, je savais que je n'étais pas en train de me faire des idées.

J'appelle le phénomène de parler à haute voix, d'être ignorée, et d'avoir votre idée volée, l'effet "m'entendez-vous maintenant". Les sociétés américaines ont fait des progrès à cet égard, mais il reste beaucoup à faire, et à ce jour, les défis auxquels les femmes et les minorités font face dans le lieu de travail sont uniques. J'ai partagé ce seul exemple, mais il y en a beaucoup d'autres. Je suis sûr que mon sexe, mes origines et probablement mon jeune âge étaient une partie de la raison pour laquelle les gens à l'époque ne "m'entendaient" pas.

Mais je crois que mon expérience de ne pas être entendu était également relié à quelque chose d'encore plus fondamentale: le pouvoir et la perception. Initialement, je me suis senti choquée et étouffée lorsque les gens ne me prêtaient pas attention. J'avais un suivi sur la qualité de mon travail et mon excellente performance, je savais que mes idées avaient de la valeur, et j'ai été en mesure de démontrer cette valeur. Mais dans ce contexte particulier, les gens ne me percevaient comme un leader, en dépit de l'image que j'avais de moi-même. Et si le pouvoir est quoi que ce soit, c'est un jeu de perception. J'ai rapidement appris la valeur de la compréhension et de la participation dans les dynamiques d'équipe. Alors j'ai commencé à participer à la "réunion avant la réunion," la brève et informelle assemblée où les gens se réunissaient en tant que pairs avant le théâtre de la réunion formelle. Je partageais mes idées là-bas, et quand elles se présentaient dans le contexte de la "réunion", je les secondais et de cette manière, je pouvais au moins rendre mes idées et moi-même un peu plus entendues.

Cette stratégie a bien fonctionné pour valider les autres et les faire sentir confortables autour de moi, mais ce n'était pas un plan qui me rendait entièrement heureuse. Je n'avais pas déplacer avec succès l'équilibre du pouvoir, je n'avais que modulé ses effets sur moi et les autres. Avec le recul, je réalise que j'aurais pu recherché des pairs dans des positions similaires dans d'autres entreprises et nous aurions pu nous supporter les uns les autres, développer davantage de stratégies, et se faire des rapports les uns les autres sur nos progrès. J'aurais pu créer un réseau.

En dehors de la perception, une autre composante importante du pouvoir est liée à la préparation. Cela inclut les compétences formelles, comme prendre des notes lors de réunions et les réutiliser dans des conversations par la suite, ou développer des techniques de négociation pointues. Mais cela inclus de consciemment développer un sentiment de bien-être et d'assurance en participant délibérément dans des communautés et des réseaux de personnes qui apprécient, encouragent et récompensent votre talent et performance. Aujourd'hui, il y a beaucoup de sites comme leanin.org qui créent cette atmosphère, et qui proposent une communauté presque "clés en main" pour les femmes d'aff ires. Quand je me suis lancée, développer des réseaux avec cette méthode était beaucoup plus diffi le!

Éventuellement, j'ai décidé que la «bataille d'influence» ne valait pas le combat - pas dans un contexte corporatif, où les règles ont été conçues par quelqu'un d'autre et peuvent changer sans avertissement. J'ai commencé à rechercher des secteurs en dehors du lieu de travail, souvent en tant qu'entrepreneur, où je pourrais exceller, être valorisée pour mon point de vue et mes idées, et où je serai bien payée pour dire ce que je pense ! En me mettant constamment dans des situations où j'étais valorisée et rémunérée, j'ai construit ma propre activité et, plus important encore, j'ai créé un cercle d'influence bien plus vaste qu'un conseil d'administration.

En tant que entraineuse d'affaires, je travaille à présent avec des entrepreneurs dont le positionnement consiste à défier la structure de pouvoir élitiste et exclusive qui étouffe et limite toutes les personnes qui ne sont pas membre du bon club. Ensemble, nous continuons à développer notre propre structure de pouvoir intégrée, et notre propre sphère d'influence dynamique dans le monde. Nous continuons à façonner le paysage entrepreneurial, de répondre à l'un l'autre, et nous récompenser nous mêmes. Et comme nous réussissons dans nos champs individuels d'activité, nous continuons à demander à ceux dont le but est de garder une emprise serrée sur le pouvoir, "M'entendez-vous maintenant?"

* * * * *

"Ne vous inquiétez pas si vous n'êtes pas reconnu, mais efforcez-vous d'être dignes de reconnaissance." —Abraham Lincoln

Questions pour la discussion

Passez à l'action. Notez vos réponses. Partagez avec une amie.

1. Qu'est-ce que le pouvoir signifie pour vous?

2. Quel genre de pouvoir sentez-vous que vous possédez?

3. Décrivez un moment où vous vous êtes senti comme un étrangère. Qu'est-ce que les autres ont fait exactement pour que vous ressentiez ce sentiment? Comment avez-vous réagi?

4. Quand vous sentez-vous le plus confiante? Le moins confiante?

5. Pensez à une situation dans laquelle vous vous êtes senties (ou vous sentez) faibles, inefficaces ou totalement impuissantes. Qui pourrait vous aider à obtenir plus pouvoir? Quelles stratégies pourriez-vous employer?

19

La Femme Invisible

"La façon la plus simple et efficace pour se relier à une autre personne est d'écouter. Ecoutez, tout simplement. Peut-être que la chose la plus importante que nous ayons jamais eue à donner les uns aux autres, c'est notre attention." —Rachel Naomi Remen

Dans le dernier chapitre, nous avons parlé de comment ne pas être perçue comme faisant partie du "BON" groupe est peut être une expérience frustrante, même si vous trouvez la parade à la résistance et arrivez à mettre votre grain de sel. Pour beaucoup d'entre nous qui furent perçus comme des «étrangères» par ceux qui sont au pouvoir, la meilleure parade fut de développer activement nos propres réseaux d'influence et de trouver une crédibilité à l'extérieur de la structure traditionnelle du pouvoir. Après tout, ce n'est pas parce que les fourmis autour de vous ne peuvent pas voir que vous êtes un papillon que cela signifie que vous n'en êtes pas un! Mais il se pourrait bien que, avant de mériter vos ailes et de prouver aux autres - ainsi qu'à vous mêmes - que vous êtes capable de voler, vous ayez d'abord quelques obstacles difficiles à surmonter.

Développer des stratégies pour faire entendre vos idées par d'autres qui sont placés plus haut dans l'organigramme de la chaine alimentaire est important. Mais quel est le revers de la médaille? Que diriez-vous d'apprendre à manier votre propre puissance de manière stratégique, et d'être conscient de l'effet parfois intimidant que vous pourriez avoir sur les autres? Reconnaitre votre puissance et en même temps être sensible à l'effet qu'elle a sur les autres est une leçon très importante à apprendre, parce que dans cette vie, le plus important n'est pas uniquement d'être reconnu, mais aussi de savoir se pencher vers les autres pour les écouter vraiment.

Les entraineuses d'aff ires comme moi sont des auditrices et des observatrices professionnelles, des caisses de résonance qui aident les entrepreneurs à comprendre ce qu'ils ressentent, à entendre ce qu'ils disent, et porter une attention toute particulière à ce que leurs tripes leur racontent. Ce que je fais demande beaucoup d'entrainement et de compétences, et mes honoraires sont égaux à ceux d'un avocat ou d'un comptable. Pourquoi est-ce que je partage cela avec vous? Parce que je tiens à souligner que, comme les avocats et les comptables, et compte tenu de mon emploi du temps exigeant, j'ai peu de temps pour faire du bénévolat de mes services professionnels. Mais maintenant, je vais vous raconter comment une fois j'ai tendu ma main pour aider quelqu'un, et j'ai été mordu dans le processus!

Dans mon travail en tant qu'assistant de professeur d'université, je fais venir des conférenciers à mes cours, encourage mes élèves à poursuivre leurs rêves entrepreneuriaux, et les tient responsables pour prendre des mesures importantes. L'une de ces étudiants était une brillante jeune femme, et quand elle a demandé mon avis quant à savoir si son idée d'un organisme sans but lucratif avait des "jambes" ou pas, j'étais intéressée. Son rêve était de créer une organisation pour aider les femmes à croire en elles-mêmes, se battre, négocier, et être grandement reconnues pour leurs contributions. Parce que son rêve était quelque chose en quoi je croyais aussi, j'ai décidé de l'aider volontairement en tant que consultante pour l'aider à développer son concept et accomplir sa mission d'organisation de la façon dont elle l'a envisagé. Elle était plus que ravie de m'avoir à ses côtés.

En avançant très rapidement quelques mois, je faisais du bénévolat lors de nombreuses heures, planifiant des sessions, des emails de communications, fournissant des conseils et mon expérience, créant des bases de données, et suggérant des moyens de mesurer les résultats. J'ai même voyagé de Philadelphie à New York pour soutenir son premier événement bénévole, et j'étais heureuse de le faire. Elle était également heureuse, parce que son projet passait du rêve à la réalité, et obtenait même une couverture médiatique internationale!

En évoquant les prochaines étapes, j'ai commencé à partager avec elle mon désir de vouloir voir évoluer mon rôle de bénévole vers celui de consultante rémunérée au fur et à mesure que son organisation grandissait. J'ai proposé différents scénarios possibles sur la façon dont nous pourrions réorganiser nos rôles afin de nous concentrer sur nos points forts, et comment nous pourrions créer une plage d'honoraires avec lesquels je serai à l'aise. Après tout, en tant que conférencière qui gagne régulièrement jusqu'à 10 000 dollars pour une présentation, j'étais déjà familière avec le processus! Et alors que je réalisais que nous n'étions pas encore au stade de demander des frais de ce genre, je me sentais à l'aise d'être authentique et sincère avec elle.

C'est là que la rupture s'est produite, même si je ne l'ai pas vu a ce moment. J'étais en train d'évoquer un projet avec toutes les exigences professionnelles habituelles, les produits livrables et les frais; mais tout ce qu'elle pouvait voir était que son «bébé» était toujours très jeune, et l'idée de poursuivre agressivement des projets tarifés comme je le suggérais paraissait trop "commercial" et menaçant pour elle. Nous n'étions pas sur la même longueur d'onde.

Mais, comme un éléphant dans un magasin de porcelaine, je continue à foncer tête baissée. Je voyais plus de clients, plus de revenus, plus de profits, et avec ma peau épaisse, mes cornes acérées et ma tête au sol, je ne voyais pas comment elle était terrifique au son de mes sabots rugissants! J'ai poussé, alors même que ses emails qu'elle m'envoyait ont commencé à changer de ton et de contenu. Puis un jour, elle m'a téléphoné pour me dire que le temps était venu pour nous de «clarifier nos rôles" relatifs à l'organisation et, tandis que je convenais que la clarification était une bonne idée, je ne comprenais toujours pas le message! Je sais maintenant que c'était sa manière voilée de me demander de freiner mes avances, parce que même si mes idées étaient bonnes et venaient de plusieurs années de succès dans le monde de l'entreprise, elle se sentait accablée par ma personne et mes idées. Elle arrêta de solliciter mes conseils, et soumettait de brèves demandes pour des citations à la place. Les choses devenaient bizarres. Mais quand j'ai exprimé mon inquiétude pour ce changement de ton, elle n'a pas dit un mot.

Pour fini, cette situation inconfortable a pris un tournant décisif. J'ai reçu une invitation de dernière minute à une activité de bénévolat de grande envergure pour son organisation, à laquelle j'ai assisté. L'événement était phénoménal, bien organisé et bien une preuve de l'organisatrice de talent qu'elle était devenue. Je ne faisais que partie d'une séance de photos sur invitation lors de cet événement. Mais lorsque la photo a été publiée, à mon plus grand étonnement, j'avais été soigneusement Photoshoppé et enlevée de la photo! J'étais devenu la Femme Invisible.

Pour moi, c'était la goutte d'eau de trop. J'étais furieuse d'avoir été traitée de cette manière inconsidérée, passive-agressive, après tous mes efforts pour apporter de la clarté, de la concentration et de la structure à son travail. Après tout, les gens me paient beaucoup d'argent pour faire ce que je faisais pour elle gratuitement! Comment ose-t-elle me traiter de cette façon! Comme le loup dans l'histoire des trois petits cochons, j'étais prête à râler, rager, et à exploser toute la maison. Mais après réflexion, j'ai réalisé quelque chose de très, très important: ce n'était pas une maison faite de bâtons ou de paille ou même de briques. En fait, ce n'était même pas du tout ma maison! Dans mon enthousiasme pour apporter mon éthique entrepreneuriale à son projet, je n'avais pas respecté le fait central qui était que cette organisation était sous sa direction et son bon vouloir. Je n'avais pas écouté avec suffisamment d'attention les façons subtiles différentes, et finalement pas si subtiles que ça, dont elle avait essayé de me demander d'arrêter de l'oppresser.

Je n'avais pas réussi à l'écouter tout comme elle n'avait pas été assez direct avec moi en ne disant qu'elle avait besoin d'espace pour qu'elle puisse assumer sa place légitime au centre de son projet. Mais tout le monde n'est pas capable de faire face aux conflits, et peu de gens apprécient cela. J'ai remarqué dans ma vie que les conversations difficiles ne s'améliorent pas avec le temps, et comme des boules de poussière ou de moisissures, les conflits deviennent de plus en plus grands tant que vous évitez de vous en occuper. Mon conflit avec une consoeur entrepreneuse en était le parfait exemple.

Vous savez maintenant que j'apprends beaucoup de mon jardin, alors permettez-moi de partager une leçon de jardin avec vous maintenant. Certaines personnes aiment acheter leurs plants de tomates pré-germés dans des pots, mais je tiens à les préparer à partir de graines, de sorte que je puisse observer l'ensemble du cycle, d'une graine sèche à une plante fl rissante qui produit de délicieuses tomates juteuses. Lorsque vous plantez des tomates à partir de graines, vous devez les incuber sous lampes à spectre complet pour faire éclore ces graines. Puis, un jour, ces petits cotylédons, ces premières feuilles embryonnaires de la plus grande importance de la nouvelle plante, sortent leurs petites têtes de terre. Ces premières feuilles absorbent l'énergie stockée dans la graine elle-même ainsi que la nouvelle énergie provenant de la lumière chaude au-dessus d'elles. Mais une fois que les petites plantes développent de véritables feuilles qui peuvent utiliser la photosynthèse, vous devez les déplacer loin des lampes à spectre complet, parce que si vous ne le faites pas, la plante ne développera pas une forte tige par elle-même. Pas de tomates juteuses.

A un certain stade de son développement en tant que dirigeante, ma collègue "entrepreneuse" a du sentir que pour développer sa propre "culture", il lui fallait prendre ses distances avec les feux de la rampe.

Aurais-je préféré qu'elle m'ait parlée directement au lieu de simplement m'effacer d'une photo de groupe? Absolument! Mais j'avais commis l'erreur de ne pas entendre ses appels à l'aide déguisés - donc elle m'a fait «disparaître»! C'est une bonne idée d'apprendre à être sensible à ce que d'autres personnes veulent vraiment et à la langue qu'ils utilisent pour exprimer ces besoins: si vous ne le faites pas, vous courez le risque que votre contribution soit sous-évaluée, et à cette époque des médias sociaux, les conflits peuvent s'amplifier très rapidement en empruntât la voie du net!

Devenir la «femme invisible» fut une expérience et un apprentissage très douloureux pour moi. Cependant, j'ai finalement pu aider une collègue entrepreneuse à clarifier son rôle de dirigeant au sein de son organisation, établir des limites, et lui apprendre à choisir le type de soutien qu'elle voulait et de qui elle voulait l'obtenir. Et j'ai appris que pendant qu'on essaye de se faire entendre, il est toujours bon de se rappeler comment écouter.

* * * * *

"Le courage est ce qui est nécessaire pour se lever et parler; le courage est aussi ce qui est nécessaire pour s'asseoir et écouter". —*Winston Churchill*

Questions pour la discussion

Passez à l'acte. Notez vos réponses. Partagez avec une amie.

1. Décrivez une occasion où vous fûtes une bonne auditrice? Qu'est-il arrivé? Comment vos qualités d'auditrice se sont-elles manifestées? Quels commentaires avez-vous reçus qui confi ment que vous étiez une bonne auditrice?

2. Décrivez une occasion où vous avez raté les signes précurseurs d'un malentendu, mettant ainsi une relation en danger. Comment avez-vous manqué ces signes? Quelles leçons avez-vous retenues de cette situation?

3. Quand avez-vous reçu un message indirectement? Pourquoi pensez-vous que le message ait été livré indirectement? Comment savez-vous que vous interprétez correctement ou non le message?

4. Quand avez-vous transmis un message à quelqu'un d'autre indirectement? Y avait-il une raison pour laquelle vous avez choisi d'être indirecte? Pensez-vous rétrospectivement que c'était une bonne décision ou une mauvaise, et pourquoi?

5. Décrivez une occasion où une personne qui vous a fait sentir "invisible". Qu'avez-vous fait à ce sujet?

6. Que pourriez-vous faire maintenant pour être mieux à l'écoute des autres?

20

Du thé, quelqu'un?

"Vous ne pouvez épuiser la créativité. Plus vous l'utilisez, plus vous en avez." —Maya Angelou

Parfois la simplicité est à l'origine du sublime. J'ai appris à apprécier les choses simples de la vie car il fut un temps où je devais faire sans elles. Pendant une brève période, je n'ai pas pu choisir où j'allais ou à quand, ou encore les vêtements que je porterais. J'ai même été privée du petit plaisir d'attacher mes chaussures.

Après une attaque paralysante, j'ai dû travailler dur pour enfin retrouver une certaine liberté de mouvement, mais ce n'était que le début. J'avais encore à suivre une thérapie physique, qui est un processus notoirement diffi le et potentiellement décourageant. Mais dès le début de mon rétablissement, j'ai décidé que je m'approprierais l'expérience.

Quand les médecins sont arrivés, j'ai étendu ma main, je me suis présentée, et j'ai posé plein de questions. Beaucoup étaient surpris. «Attendez une minute», ils semblaient penser, "vous êtes la patiente», et nous sommes censés poser les questions!"

Mais j'ai vu la chose de cette façon: d'abord, ils apprenaient de moi au cours du traitement, il était donc raisonnable que je pouvais aussi apprendre d'eux. Et en second lieu, parce que je vivais dans la salle d'observation, je la traitais comme ma maison, et cela signifiait engager les gens avec qui je partageais l'espace d'une manière directe et active. Mon approche de la guérison a été de croire que ma personnalité - c'est-à-dire mon esprit, ma volonté, mon charisme, et ma force - n'a pas été paralysée, même si mon corps l'était. Avec cette attitude, il était beaucoup plus facile de rester pleinement engagé et vraiment faire attention à mon corps pendant le processus de rétablissement. Bien qu'il ait été difficile de réapprendre les mouvements de base que j'avais pris au début pour des acquis, j'ai fait de rapide progrès. Et bientôt, il était presque temps de quitter la salle.

Avant l'attaque, je passais régulièrement du temps autour d'un thé avec le groupe de mes amis, dont je vous ai déjà parlé. Eh bien, ils ont décidé que nous devrions avoir une pause thé ici même, à l'hôpital! Comme j'avais partagé ma vie avec un groupe d'autres patients pendant un mois, il me paraissait tout à fait normal d'organiser quelque chose qui allait inclure tout le monde de l'étage.

Donc j'ai mentionné l'idée aux infi mières et elles étaient ravies de nous aider! Il y avait aussi un ordinateur que je pouvais utiliser pour préparer la fête, et je me souviens d'une des infi mières plaisantant, "Si vous êtes assez bien pour utiliser cet ordinateur, il est peut-être temps pour vous de vous en aller."

Elle avait peut-être bien raison, mais d'une certaine manière, l'organisation de cette fête était aussi importante pour mon rétablissement que la quotidienne thérapie physique. C'était un signal m'indiquant que je revenais petit à petit dans l'esprit de ma vie quotidienne, ainsi que physiquement. Je revenais à mon moi intérieur. C'était une passe. Et c'était encore plus important parce que j'étais en mesure de partager ce moment avec tous les gens autour de moi.

Une thérapie, comme beaucoup d'autres expériences, est vraiment très efficace si vous croyez qu'elle le sera. Le mental et le physique sont intimement liés. Maintenant, je ne prévoyais pas un événement "de guérison", c'était vraiment qu'une simple fête avec du thé ! Mais les bénéfices étaient clairs. Et rapidement, les infi mières ont réalisé à quel point l'organisation de ce genre d'expérience collective a généré un sentiment de communauté et un regain d'énergie à la routine de ce service.

Ainsi, prenant exemple sur notre initiative, deux semaines plus tard, les infi mières ont organisé une fête pour le Super Bowl! Pour autant que je sache, de tels événements font maintenant partie de la vie dans le service.

Il y avait un aspect particulièrement exquis concernant cette fête à l'hôpital. J'avais prévu d'utiliser des assiettes et des couverts en plastique, mais quand j'ai partagé cela avec l'une des infirmières, elle nous a offert un beau et véritable set en porcelaine qui avaient été mis à l'abri et pas utilisé depuis longtemps. Donc, inutile de spécifier que nous avons utilisé ce set à la place, et quel parfait moment fort ce fut! J'étais rentré à l'hôpital incapable de lacer mes propres chaussures, mais je l'ai quitté en buvant du thé dans un fin set de porcelaine avec mes camarades de physiothérapie! C'était une façon riche et mémorable de faire la transition d'un état de patient dépendant vers celui d'une personne capable.

Au lieu de succomber à une expérience sombre et déprimante, j'ai accepté ma situation et suis consciemment restée positive et active - selon mes conditions. Peu importe la situation dans laquelle vous vous trouvez, le simple fait de vous approprier de votre expérience peut conduire à des résultats étonnamment merveilleux.

*****

"Tout ce que l'esprit de l'homme peut concevoir et croire, il peut l'atteindre." —Napoleon Hill

Questions pour la discussion

Passez à l'action. Notez vos réponses. Partagez avec une amie.

1. Qu'est-ce que cela signifie our vous d'être "à la maison?"

2. Décrivez une occasion durant laquelle vous avez partagé une expérience positive avec un grand nombre de personnes. Que s'est-il passé et quel a été votre ressenti?

3. Décrivez une occasion où vous avez assumé une expérience que la plupart des gens considèrent comme négative ou destructrice. Qu'est-ce qui s'est passé et comment l'avez-vous ressenti?

4. Avez-vous déjà pris en charge une personne qui était malade? Comment l'avez-vous aidée? Comment avez-vous ressenti le fait d'aider?

5. Quelle est la dernière chose que vous ayez célébrée?

6. Que n'avez-vous pas célébré, maintenant ou dans le passé, que vous souhaiteriez célébrer? Comment feriez-vous?

Un dernier Petit Mot

C'était une joie de partager mes aventures avec vous. J'ai tissé ici et là les événements et les moments, les lieux et les gens de ma vie, et même si cela n'est peut-être pas la façon la plus linéaire de raconter une histoire, c'est certainement plus proche de la façon dont les choses se passent vraiment! La vraie vie ne vient pas dans des boîtes soigneusement emballées, et c'est exactement pour ça qu'il est si important pour nous de recueillir et d'organiser nos histoires, et d'examiner de près leur sens afin que nous puissions les utiliser comme guides pour ce qui est à venir.

Je suis convaincu qu'en répondant aux questions après chaque chapitre, vous avez commencé à faire des incursions dans l'élaboration de votre vision personnelle. Rappelez-vous que votre propre histoire est en cours! Je vous mets au défi de revisiter les questions de discussion à plusieurs reprises par vous-même ou en groupe, et d'écrire de nouveau vos réponses à chaque fois, pour découvrir de nouvelles perspectives sur l'inarrêtable histoire de votre vie. En continuant de vous étudier vous-même et vos motivations, vous serez surpris de voir les différences entre vos premières réponses et vos nouvelles. Plus tard quand vous regarderez vos premières réponses, vous pourriez avoir l'impression que quelqu'un qui vous est proche, peut-être une cousine ou une confidente, a initialement répondu aux questions à votre place! Résistez à la tentation de juger vos premières réponses en aucune façon, et sachez simplement que même à partir de ce moment-là, vous aurez sûrement grandir, et vos opinions, vos croyances et votre sagesse mûriront avec vous. Et c'est une bonne chose.

L'une des façons d'être signifi ative est de toujours vous juger ainsi que vos choix avec ces principales questions:

- Suis-je en train de raconter ma propre histoire authentique?
- Suis-je en train de vivre en accord avec mes valeurs?
- Suis-je respectueuse? Suis-je respectée?
- Suis-je en train de reconnaître les opportunités?
- Suis-je en train de faire mes choix propres et authentiques?
- Suis-je en train de faire des choix pragmatiques?
- Suis-je en train de prendre des mesures positives?
- Suis-je en train de trouver des alliés?
- Suis-je en train d'apprendre à diriger?
- Suis-je amoureuse de la personne avec qui je suis?
- Suis-je amoureuse de la personne que je deviens?
- Suis-je significative?

Alors que vous progressez dans votre voyage, vous allez supprimer les points d'interrogation de cette liste, et les questions deviendront des affirmations. C'est ainsi que vous saurez que vous êtes sur le bon chemin! Poser les bonnes questions est la clé pour susciter les réponses adéquates, et c'est pourquoi vous allez réexaminer ces questions, encore et encore. Ces questions et vos réponses à ces questions sont comme les marques de crayon sur un cadre de porte qu'un parent utilise pour marquer la croissance d'un enfant; et vous êtes votre propre parent. Vous êtes en charge de tracer votre propre croissance et de faire en sorte que vous fassiez ce qu'il faut pour atteindre les hauteurs que vous rêvez d'atteindre. Personnes significatives comprennent que la seule constante réelle est le changement. Ils cherchent le changement dans des directions qui sont saines et qui créent des circonstances et des relations énergiques et excitantes pour eux-mêmes et les autres. Vous êtes une personne significative! Peu importe les mesures que vous prenez ou les erreurs que vous faites en cours de route, au fond de vous, il y a une personne puissante et créative; à l'intérieur de la pierre non polie se trouve un joyau étincelant.

S'il y a une chose que je veux que vous reteniez de ce livre, c'est ceci: vous créez votre histoire et vous la vivez simultanément. Vous ne vous trouverez peut-être jamais dans une salle de réunion, et il se peut que vous ne créiez jamais une communauté autour d'une tasse de thé. Vous n'aurez peut-être jamais à avoir votre autorité remise en question par une personne en état d'ébriété, ou de prendre en charge dans votre maison toute une famille qui a désespérément besoin de vous. J'espère sincèrement que vous êtes assez chanceuse pour ne pas être frappée par une attaque cérébrale ou un cancer, et peut-être que ce n'est même pas votre rêve, comme c'était le mien, de diriger une entreprise prospère! Mais les détails de l'histoire de chaque personne ne sont pas aussi importants que la reconnaissance que, peu importe votre situation, vous avez en vous toute l'énergie, les conditions et les expériences disponibles dont vous avez besoin pour commencer à transformer votre personne et votre situation. La graine du succès est en vous. Ici et maintenant. Si vous êtes une nouveau diplômée d'université à la recherche de votre premier emploi, un entrepreneuse, une mère qui travaille, une organisatrice à but non lucratif, ou si vous voulez débuter ou recommencer une carrière plus tard dans votre vie, vous pouvez prendre vos propres histoires, les organiser, et les utiliser pour en créer des opportunités. Vous êtes le seul qui puissiez entretenir votre jardin, et garder votre jardin sans mauvaises herbes est une activité de tous les jours. Une fois que vous remarquez une opportunité ou sentez une passion que vous pensez devoir davantage explorer, c'est à ce moment que vous mettez à profit tous les outils que vous avez acquis dans votre vie - et peut-être certains que vous avez appris de ce livre! - Pour attraper cette lueur de quelque chose de bon et le transformer en quelque chose de grand.

Vous êtes déjà significatives, tout simplement parce que vous êtes éveillées et participez à la merveilleuse expérience de la vie. La vie est un privilège, donc honorez ce privilège. Prenez des risques, soyez vulnérable, trouvez des alliés et créez des opportunités. Donnez avec votre cœur, autorisez-vous à recevoir de l'aide quand vous en avez besoin, admettez vos erreurs et les corriger. Soyez créative. Soyez vous-même.

Vous souhaitant très sincèrement le succès,
Franne McNeal, MBA

À PROPOS DE L'AUTEUR

Franne McNeal, MBA, est la voix de la femme pour l'image de marque, la stratégie d'entreprise et le succès audacieux de leadership personnel. Appelée «l'entraineuse des résultats d'affaires significatifs," Fr anne ai de ses clientes à concentrer leur énergie pour agir et acquérir une confiance accrue, de la clarté et du poids! Elle est l'auteur du livre "Significative! De Frustrée à FranneTastic", un livre d'histoires de femmes pour apprendre à "exploiter votre esprit pour y trouver ce qui compte".

Victorieuse d'un combat contre le cancer du sein et survivante d'une attaque cérébrale, Franne partage des histoires de sa propre ténacité et prouesses pour aider des milliers de femmes à découvrir leurs propres forces, monétiser leurs passions et ajouter de la valeur à leurs communautés. Franne s'engage à intégrer les personnes, les processus et la performance ainsi qu'à aider les femmes à comprendre d'une façon dynamique comment "aller de l'avant", concentrer leur énergie sur l'action et passer à une étape importante dans leur vie professionnelle et personnelle.

Franne a eu une remarquable carrière en ventes, en marketing et en formation au sein des entreprises du Fortune 500. En outre, elle est professeur d'université, une auteure, une entrepreneuse en série, et une coach d'aff ires primée. La perspicacité affutée de Franne a aidé ses clients à générer des millions en revenus, augmenter les ventes, améliorer la trésorerie, à réduire les dépenses et étendre la rentabilité. Les discours de motivation de Franne concernant l'obtention de résultats signifi atives en aff ires ont été très bien accueillis par des centaines de groupes, des associations professionnelles et des universités, à des auditoires d'entrepreneurs et d'entreprises. Elle est une collaboratrice régulière de publications papier et digitales, y compris Black Enterprise et Lean In.

Franne McNeal a obtenu une licence en arts de l'Université de Princeton, et un MBA de l'Eastern University. Elle a été récompensée par le Prix Persévérance de l'Eastern University (2007). Elle été nommée comme l'une des 100 femmes noires les plus influentes à Philadelphie par la NAACP en 2008, et honoré comme un Femme de distinction par Main Line Today Magazine en 2014.

Franne McNeal vit dans la région de Philadelphie, en Pennsylvanie.

Communauté Significative!

Connectez! Souhaitez-vous vous connecter avec Franne McNeal et la communauté Significative! pendant que vous tracez votre propre parcours unique et significative?

Inscrivez-vous gratuitement à **www.SignificantYou.com**. Là, vous serez en mesure de:

- Vous connectez à des personnes semblables
- Accéder à des ressources utiles
- Télécharger des outils supplémentaires
- Participer à des événements virtuels en direct
- Organiser et participer à des événements locaux et régionaux
- Partagez vos histoires Significatives!
- Rencontrer Franne McNeal

Si vous souhaitez interviewer Franne McNeal, l'inviter pour être une conférencière, fournir un atelier de cadres, l'inviter à participer à un panel de discussion, ou l'impliquer dans votre prochain événement en ligne ou international, s'il vous plaît contactez-la à cette adresse email **Média@SignificantYou.com.**

www.ingramcontent.com/pod-product-compliance
Lightning Source LLC
Chambersburg PA
CBHW070555160426
43199CB00014B/2519